EXERCICES

SUR LA

GRAMMAIRE FRANÇAISE

COMPLÈTE

Rédigée conformément aux programmes

DE L'ENSEIGNEMENT SECONDAIRE DES JEUNES FILLES
DE L'ENSEIGNEMENT SPÉCIAL
ET DE L'ENSEIGNEMENT PRIMAIRE SUPÉRIEUR

PAR

A. BRACHET
Lauréat de l'Académie française
et de l'Académie des Inscriptions

J. DUSSOUCHET
Agrégé des classes de grammaire
Professeur au lycée Henri IV

PARIS

LIBRAIRIE HACHETTE ET Cⁱᵉ

79, BOULEVARD SAINT-GERMAIN, 79

—

1889

EXERCICES

SUR LA

GRAMMAIRE FRANÇAISE

COMPLÈTE

EXERCICES
SUR LA GRAMMAIRE COMPLÈTE

INTRODUCTION

CHAPITRE I

HISTOIRE DE LA LANGUE FRANÇAISE

1. Exercice oral. — Citer des mots d'origine orientale.

2. — Citer des mots d'origine italienne.

3. — Citer des mots d'origine espagnole.

4. — Citer des mots d'origine allemande.

5. — Citer des mots d'origine anglaise.

6. Exercice oral. — Citer des mots d'origine savante tirés directement du latin. Ainsi de *relationem* on a tiré *relation* ; de *proportionem, proportion* ; de *possessionem, possession*, etc.

7. Exercice oral. — Donner les mots savants dérivés des mots latins suivants

MOTS LATINS

*ma*jor,	*nu*merus,	pa*py*rus,	quadra*ge*sima,
*mo*dulus,	*or*ganum,	pa*ra*bola,	*ri*gidus.

8. — Donner les ots populaires dérivés des mots latins suivants en supprimant la voyelle brève (˘) :

MOTS LATINS

asper ĭtatem,	coag ŭlare,	hered ĭtarius,	præd ĭcatorem,
auric ŭlarius,	episc ŏpatus,	legal ĭtatem,	vig ĭlantem.

9. — Donner les doublets (mots populaires et mots savants) dérivés des mots latins suivants :

MOTS LATINS

coctionem,	fusionem,	punctionem,	rationem,
factionem,	inclinationem,	potionem,	scolarem,
frictionem,	nutritionem,	prehensionem,	subvenire.

10. Exercice écrit. — Donner l'étymologie des mots suivants, dont l'origine est *historique* :

académie,	août,	baïonnette,	basque,
alépine,	artésien,	balais,	baudet,
amphitryon,	assassin,	baldaquin,	béguin,
angora,	atlas,	baragouin,	berline.

11. Exercice écrit. — Donner l'étymologie des mots suivants, dont l'origine est historique :

besant,	brandebourg,	cachemire,	campêche,
bicoque,	brésil,	cadenette,	canari,
biscaïen,	brocard,	calepin,	cannibale,
bougie,	barème,	calicot,	cantaloup.

12. Exercice écrit. — Donner l'étymologie des onomatopées suivantes :

babiller,	chuinter,	coasser,	croasser,
bouffer,	chut,	craquer,	croquer,
bouffir,	clapoter,	cric,	drelin,
caqueter,	claque,	crincrin,	ébahir,
chuchoter,	cliquetis,	criquet,	fanfare.

CHAPITRE II

DE L'ORTHOGRAPHE

13. Exercice oral ou écrit. — Lire le morceau suivant, en indiquant les changements orthographiques survenus depuis le xvi° siècle (**Ex.** : *teste*, aujourd'hui *tête*, ce mot a perdu son *s* en 1740). — Transcrire le même morceau avec l'orthographe moderne.

L'homme dans l'enfant

Mon pere m'amena a Paris, et en passant par Amboise un jour de foire, il vit les testes de ses compaignons de la conspiration d'Amboise sur des poteaux, qui estoient encore reconnoissables, ce dont il fut tellement esmeu, qu'il s'escria au milieu de sept à huit cents personnes qui estoient là : « Ils ont décapité la France, les bourreaux! » et puis il donna des deux à son cheval. Je me mis aussitost a piquer apres lui, parce que j'avois veu sur son visage un esmoy extraordinaire; et l'ayant joinct, il me .mit la main sur la teste en me disant : « Mon enfant, il ne faut point espargner ta. teste après la mienne, pour venger ces chefs pleins d'honneur dont tu viens de voir les testes; si tu t'y espargnes, tu auras ma malédiction. » Quoique nostre troupe fust de vingt chevaux, nous eusmes assez de peine a nous sauver des mains de cette populace, qui s'esmut a de tels propos, et se mit en debvoir de nous maltraiter.

Agrippa d'Aubigné (1550-1630).

14. — Même remarque que plus haut.

De l'intelligence des bêtes

Les chasseurs nous asseurent, que pour choisir, d'un nombre de petits chiens, celuy qu'on doit conserver pour le meilleur, il ne faut que mettre la mère au propre de le choisir elle-mesme, comme si on les emporte hors de leur giste, le premier qu'elle y rapportera, sera tousjours le meilleur; ou bien si on fait semblant d'entourner de feu le giste, de toutes parts, celuy des petits, au secours duquel elle courra premierement. Par où il appert qu'elles ont un usage de prognostique que nous n'avons pas : ou qu'elles ont quelque vertu à juger de leurs petits, autre et plus vive que la nostre.

Quant à l'amitié, les bestes l'ont, sans comparaison, plus vive et plus constante que n'ont pas les hommes. Hyrcanus le chien du Roy Lysimachus, son maistre mort, demeura obstiné sur son lict, sans vouloir boire ne manger : et le jour qu'on en brusla le corps, il print sa course, et se jetta dans le feu, où il fut bruslé. Comme fit aussi le chien d'un nommé Pyrrhus; car il ne bougea de dessus le lict de son maistre, depuis qu'il fut mort : et quand on l'emporta, il se laissa enlever quant et luy, et finalement se lança dans le buscher où on brusloit le corps de son maistre. Il y a certaines inclinations d'affection, qui naissent quelquefois en nous, sans le conseil de la Raison, qui viennent d'une temerité fortuite, que d'autres nomment sympathie : les bestes en sont capables comme nous. Nous voyons les chevaux prendre certaine accointance des uns aux autres, jusques à nous mettre en peine pour les faire vivre ou voyager séparément. On les void appliquer leur affection à certain poil de leurs compaignons, comme à certain visage, et où ils le rencontrent, s'y joindre incontinent avec feste et demonstration de bienveillance; et prendre quelque autre forme à contre cœur et en haine.   MONTAIGNE (1533-1592).

15. Exercice. — Mettre en prose la fable suivante. — Apprendre par cœur le même morceau.

La châtaigne

« Que l'étude est chose maussade!
A quoi sert de tant travailler? »
Disait, et non pas sans bâiller,
Un enfant que menait son maître en promenade.
Que lui répondait-on? Rien. L'enfant sous ses pas
Rencontre cependant une cosse fermée
Et de dards menaçants de toute part armée.
Pour la prendre il étend le bras.
« Mon pauvre enfant, n'y touchez pas!

— Eh! pourquoi? — Voyez-vous mainte épine cruelle
Toute prête à punir vos doigts trop imprudents?
— Un fruit exquis, monsieur, est caché là dedans.
— Sans se piquer peut-on l'en tirer? — Bagatelle!
    Vous voulez rire, je crois.
Pour profiter d'une aussi bonne aubaine,
    On peut bien prendre un peu de peine
    Et se faire piquer les doigts.
— Oui, mon fils; mais, de plus, que cela vous enseigne
    A vaincre les petits dégoûts
    Qu'à présent l'étude a pour vous.
Ses épines aussi cachent une châtaigne. »   Arnault.

LIVRE I

PHONÉTIQUE OU ÉTUDE DES SONS

CHAPITRE I

DE L'ALPHABET

SECTION I

VOYELLES

16. Exercices oraux. — Lire la fable suivante d'une manière expressive, fermer le livre et la raconter tout haut en classe. — Apprendre par cœur le même morceau.

17. — Indiquer à la fin de chaque vers le nombre des syllabes — Signaler les syllabes muettes élidées dans le corps des vers.

La carpe et les carpillons

« Prenez garde, mes fils, côtoyez moins le bord,
  Suivez le fond de la rivière;
  Craignez la ligne meurtrière
 Ou l'épervier, plus dangereux encor. »
C'est ainsi que parlait une carpe de Seine
A de jeunes poissons qui l'écoutaient à peine.
C'était au mois d'avril : les neiges, les glaçons,
Fondus par les zéphirs, descendaient des montagnes :
Le fleuve enflé par eux s'élève à gros bouillons,
  Et déborde dans les campagnes.

« Ah! ah! criaient les carpillons,
Qu'en dis-tu, carpe radoteuse?
Crains-tu pour nous les hameçons?
Nous voilà citoyens de la mer orageuse;
Regarde : on ne voit plus que les eaux et le ciel;
Les arbres sont cachés sous l'onde;
Nous sommes les maîtres du monde,
C'est le déluge universel.
— Ne croyez pas cela, répond la vieille mère;
Pour que l'eau se retire il ne faut qu'un instant :
Ne vous éloignez point, et, de peur d'accident,
Suivez, suivez toujours le fond de la rivière.
— Bah! disent les poissons, tu répètes toujours
Mêmes discours.
Adieu, nous allons voir notre nouveau domaine. »
Parlant ainsi, nos étourdis
Sortent tous du lit de la Seine,
Et s'en vont dans les eaux qui couvrent le pays.
Qu'arriva-t-il? Les eaux se retirèrent,
Et les carpillons demeurèrent;
Bientôt ils furent pris,
Et frits.
Pourquoi quittaient-ils la rivière?
Pourquoi? Je le sais trop, hélas!
C'est qu'on se croit toujours plus sage que sa mère;
C'est qu'on veut sortir de sa sphère;
C'est que..., c'est que.... Je ne finirais pas.   FLORIAN.

18. — Donner le sens des mots *côtoyez, meurtrière, épervier, zéphirs, à gros bouillons, carpillons, radoteuse, demeurèrent, sphère.*
19. — Donner les mots de la même famille que *prenez, garde, fils, côtoyez, bord.* — Donner les homonymes de *fond, peine, par, crains, mer.*
20. Exercice. — Mettre en prose la fable *La carpe et les carpillons.*
21. Exercice oral. — Lire le morceau suivant et signaler les *e longs* et les voyelles ou diphtongues nasales à la fin des mots. — Apprendre par cœur le même morceau.

Les forêts agitées par le vent

Qui pourrait décrire les mouvements que l'air communique aux végétaux? Combien de fois, loin des villes, dans le fond d'un vallon couronné d'une forêt, assis sur le bord d'une prairie agitée des vents, je me suis plu à voir les trèfles empourprés et les vertes graminées former des ondulations semblables à des flots et présenter à mes yeux une mer agitée de fleurs et de verdure ! Cependant les vents balançaient sur ma tête les cimes majestueuses des arbres; le retroussis de leur feuillage faisait paraître chaque espèce de deux verts différents. Chacun a son mouvement : le chêne au tronc raide ne courbe que ses branches; l'élastique sapin balance sa haute pyramide; le peuplier robuste agite son feuillage mobile, et le bouleau laisse flotter le sien dans les airs comme une longue chevelure. Ils semblent animés de passions : l'un s'incline profondément auprès de son voisin comme devant un supérieur; l'autre semble vouloir l'embrasser comme un ami; un autre s'agite en tous sens comme auprès d'un ennemi. Le respect, l'amitié, la colère semblent passer tour à tour de l'un à l'autre comme dans le cœur des hommes, et ces passions versatiles ne sont au fond que les jeux des vents. Quelquefois un vieux chêne élève au milieu d'eux ses longs bras dépouillés de feuilles et immobiles. Comme un vieillard, il ne prend plus de part aux agitations qui l'environnent; il a vécu dans un autre siècle. Cependant ces grands corps insensibles font entendre des bruits profonds et mélancoliques. Ce ne sont point des accents distincts, ce sont des murmures confus comme ceux d'un peuple qui célèbre au loin une fête par des acclamations. Il n'y a point de voix dominante; ce sont des sons monotones parmi lesquels se font entendre des bruits sourds et profonds qui nous jettent dans une tristesse pleine de douceur.

BERNARDIN DE SAINT-PIERRE (*Brevet élémentaire*, 1887).

22. **Exercice oral.** — Donner dix noms d'arbres, comme *chêne*; dix noms de graminées, comme *blé*.

23. **Exercice d'analyse.** — Analyser grammaticalement et par écrit la phrase : *Qui pourrait décrire les mouvements que l'air communique aux végétaux?* — Analyser logiquement la même phrase.

SECTION II

CONSONNES

24. **Exercice oral.** — Lire le morceau suivant en indiquant les consonnes gutturales et les consonnes dentales au commencement des mots.

La mort d'un ami

Heureux celui qui possède un ami! J'en avais un : la mort me l'a ôté; elle l'a saisi au commencement de sa carrière, au moment où son amitié était devenue un besoin pressant pour mon cœur. Nous nous soutenions mutuellement dans les travaux pénibles de la guerre, nous buvions dans la même coupe; nous couchions sous la même toile, et, dans les circonstances malheureuses où nous sommes, l'endroit où nous vivions ensemble était pour nous une nouvelle patrie. Je l'ai vu en butte à tous les périls de la guerre, et d'une guerre désastreuse. La mort semblait épargner l'un pour l'autre; elle épuisa mille fois ses traits autour de lui sans l'atteindre; mais c'était pour me rendre sa perte plus sensible. Le tumulte des armes, l'enthousiasme qui s'empare de l'âme à l'aspect du danger, auraient peut-être empêché ses cris d'aller jusqu'à mon cœur. Sa mort eût été utile à son pays et funeste aux ennemis : je l'aurais moins regretté. Mais le perdre au milieu des délices d'un quartier d'hiver, le voir expirer dans mes bras au moment où il paraissait regorger de santé, au moment où notre liaison se resserrait encore dans le repos et la tranquillité! Ah! je ne m'en consolerai jamais! Cependant sa mémoire ne vit plus que dans mon cœur; elle n'existe plus que parmi ceux qui l'environnaient et qui l'ont remplacé. Cette idée me rend plus pénible l'idée de sa perte. La nature, indifférente de même au sort des individus, remet sa robe brillante du printemps, et se pare de toute sa beauté auprès du cimetière où il repose.

XAVIER DE MAISTRE (Brevet élémentaire, 1887).

25. Exercices oraux. — 1° Donner cinq mots marquant l'affection, — dix marquant la haine, — cinq mots marquant la tranquillité. — 2° Donner l'étymologie de robe, cimetière.

26. Exercice oral. — Lire le morceau suivant en indiquant les labiales, les linguales et les nasales au commencement des mots. — Donner le sens des mots Pultawa, Charles XII, chirurgien, incision, opération.

Charles XII, roi de Suède, blessé à Pultawa

Le 27 mai 1709, au siège de Pultawa, Charles XII reçut un coup de carabine qui lui perça la botte, et lui fracassa l'os du talon. On ne remarqua pas sur son visage le moindre changement qui pût faire soupçonner qu'il était blessé : il continua à donner tranquillement ses ordres, et demeura encore près de six heures à cheval. Un de ses domestiques s'apercevant que le soulier de la botte du prince était tout sanglant, courut chercher les chirurgiens : la douleur du roi commençait à être si cuisante qu'il fallut l'aider à descendre de cheval et l'emporter dans sa tente. Les chirurgiens visitèrent sa plaie; ils furent d'avis de lui couper la jambe. La consternation de l'armée était inexprimable. Un chirurgien nommé Neuman, plus habile et plus hardi que les autres, assura qu'en faisant de profondes incisions, il sauverait la jambe du roi. « Travaillez donc tout à l'heure, lui dit le roi, taillez hardiment, ne craignez rien. » Il tenait lui-même sa jambe avec les deux mains, regardant les incisions qu'on lui faisait, comme si l'opération eût été faite sur un autre.   VOLTAIRE.

27. Exercice oral. — Lire le morceau suivant d'une manière expressive et expliquer les mots : *s'appauvrit, avares, ravaler, sacre, haridelles, postuler, rouleau.* — Apprendre par cœur le même morceau.

Les bêtes

N'en déplaise à l'espèce humaine,
Qui de jour en jour s'appauvrit,
Je trouve que dans La Fontaine
Les bêtes ont beaucoup d'esprit.
De bons mots nous sommes avares,
Et soit dit sans nous ravaler,
Peut-être seraient-ils moins rares,
Si les bêtes pouvaient parler!

Bien que le cocher jure et sacre
Et que le temps soit des plus beaux,
Nous monterons six dans un fiacre
Que traînent deux maigres chevaux.
Par ces chétives haridelles
Lorsque nous nous faisons rouler,
Nous en entendrions de belles,
Si les bêtes pouvaient parler!

Près de l'aveugle misérable
Vous trouverez toujours un chien,
Le compagnon inséparable
De ceux, hélas! qui n'ont plus rien.
Pour l'homme que la faim tourmente,
Des yeux il semble postuler;
Que sa voix serait éloquente,
Si les bêtes pouvaient parler!

Après ce couplet, que je meure
Plutôt que d'en faire un nouveau,
Attendu que pour le quart d'heure
Je suis au bout de mon rouleau.
Quand on n'a plus rien dans la tête,
On ne peut se dissimuler
Qu'on parlerait comme une bête,
Si les bêtes pouvaient parler !   EUGÈNE DÉSAUGIERS.

28. Exercice écrit. — Copier le morceau suivant en le transcrivant en
français moderne avec l'orthographe actuelle.

Du raisonnement chez les animaux

Par ainsi, le renard, dequoy se servent les habitants de la Thrace,
quand ils veulent entreprendre de passer par dessus la glace de
quelque rivière gelée, et le laschent devant eux pour cet effet, quand
nous le verrions au bord de l'eau approcher son oreille bien près
de la glace, pour sentir s'il orra d'une longue ou d'une voisine
distance bruire l'eau courant au dessous; et selon qu'il treuve
par-là, qu'il y a plus ou moins d'espesseur en la glace, se reculer,
ou s'avancer; puis n'aurions-nous pas raison de juger qu'il luy
passe par la teste ce mesme discours, qu'il feroit en la nostre : et
que c'est une ratiocination et consequence tirée du sens naturel :
ce qui fait bruit, se remue; ce qui se remue, n'est pas gelé; ce qui
n'est pas gelé, est liquide, et ce qui est liquide, plie sous le faix.
Car d'attribuer cela seulement à une vivacité du sens de l'ouye, sans
discours et sans conséquence, c'est une chimère, et ne peut entrer
en nostre imagination. De mesme faut-il estimer de tant de sortes
de ruses et d'inventions, de quoy les bestes se couvrent des entre-
prinses que nous faisons sur elles.   MONTAIGNE (1533-1592).

29. Exercice oral. — Lire le morceau suivant d'une manière expressive et
l'apprendre par cœur.

La leçon de philosophie[1]

LE MAÎTRE DE PHILOSOPHIE, M. JOURDAIN

LE MAÎTRE DE PHILOSOPHIE.

Pour bien suivre votre pensée et traiter cette matière en philosophe, il faut commencer, selon l'ordre des choses, par une exacte

---

1. Il ne faut pas oublier que cette leçon sur la prononciation des lettres est
absolument juste et raisonnable et ne paraît ridicule ici qu'à cause du *vieil
écolier* auquel elle est adressée. Elle est probablement tirée d'un petit livre ayant

connaissance de la nature des lettres et de la différente manière de les prononcer toutes. Et là-dessus j'ai à vous dire que les lettres sont divisées en voyelles, ainsi dites voyelles parce qu'elles expriment les voix; et en consonnes, ainsi appelées consonnes, parce qu'elles sonnent avec les voyelles, et ne font que marquer les diverses articulations des voix. Il y a cinq voyelles ou voix : A, E, I, O, U.

M. JOURDAIN.

J'entends tout cela.

LE MAÎTRE DE PHILOSOPHIE.

La voix A se forme en ouvrant fort la bouche, A.

M. JOURDAIN.

A, A. Oui.

LE MAÎTRE DE PHILOSOPHIE.

La voix E se forme en rapprochant la mâchoire d'en bas de celle d'en haut : A, E.

M. JOURDAIN.

A, E, A; A, E. Ma foi, oui. Ah! que cela est beau!

LE MAÎTRE DE PHILOSOPHIE.

Et la voix I, en rapprochant encore davantage les deux mâchoires l'une de l'autre et écartant les deux coins de la bouche vers les oreilles : A, E, I.

M. JOURDAIN.

A, E, I, I, I, I. Cela est vrai. Vive la science!

LE MAÎTRE DE PHILOSOPHIE.

La voix O se forme en ouvrant les mâchoires et rapprochant les lèvres par les deux coins, le haut et le bas : O.

M. JOURDAIN.

O, O. Il n'y a rien de plus juste. A, E, I, O; I, O. Cela est admirable! I, O; I, O.

LE MAÎTRE DE PHILOSOPHIE.

L'ouverture de la bouche fait justement comme un petit rond qui représente un O.

M. JOURDAIN.

O, O, O. Vous avez raison; O. Ah! la belle chose que de savoir quelque chose!

LE MAÎTRE DE PHILOSOPHIE.

La voix U se forme en rapprochant les dents sans les joindre entièrement, et allongeant les deux lèvres en dehors, les approchant aussi l'une de l'autre sans les joindre tout à fait : U.

pour titre : *Discours physique de la parole*, publié, en 1668, par le cartésien de Cordemoy, qui fut lecteur du Dauphin, choisi par Bossuet, et membre de l'Académie française.

M. JOURDAIN.

U, U. Il n'y a rien de plus véritable. U.

LE MAÎTRE DE PHILOSOPHIE.

Vos deux lèvres s'allongent comme si vous faisiez la moue. D'où vient que, si vous la voulez faire à quelqu'un et vous moquer de lui, vous ne sauriez lui dire que U.

M. JOURDAIN.

U, U. Cela est vrai. Ah! que n'ai-je étudié plus tôt pour savoir tout cela!

LE MAÎTRE DE PHILOSOPHIE.

Demain nous verrons les autres lettres, qui sont les consonnes.

M. JOURDAIN.

Est-ce qu'il y a des choses aussi curieuses qu'à celles-ci?

LE MAÎTRE DE PHILOSOPHIE.

Sans doute; la consonne D, par exemple, se prononce en donnant du bout de la langue au-dessus des dents d'en haut, DA.

M. JOURDAIN.

DA, DA. Oui. Ah! les belles choses! les belles choses!

LE MAÎTRE DE PHILOSOPHIE.

L'F en appuyant les dents d'en haut sur la lèvre de dessous, FA.

M. JOURDAIN.

FA, FA. C'est la vérité. Ah! mon père et ma mère, que je vous veux de mal!

LE MAÎTRE DE PHILOSOPHIE.

Et l'R, en portant le bout de la langue jusqu'au haut du palais. De sorte qu'étant frôlée par l'air qui sort avec force, elle lui cède et revient toujours au même endroit, faisant une manière de tremblement, R, RA.

M. JOURDAIN.

R, R, RA; R, R, R, RA. Cela est vrai. Ah! l'habile homme que vous êtes! et que j'ai perdu de temps! R, R, R, RA.

LE MAÎTRE DE PHILOSOPHIE.

Je vous expliquerai à fond toutes ces curiosités.

MOLIÈRE (*le Bourgeois gentilhomme*).

CHAPITRE II

NOTIONS D'ÉTYMOLOGIE USUELLE

SECTION I

I. COMPOSITION PAR LES MOTS SIMPLES

30. Exercices oraux ou écrits. — Former des *substantifs composés* à l'aide des noms suivants en y ajoutant un *nom*, un *adjectif* ou un *participe*. Ex. : fond, *bas-*fond.

aigue	chevau	fils,	taupe
eau,	dame,	guet	père,
fille,	foin,	homme,	père,
chêne	timbre	mâts,	pieds,
argent,	forme,	maître,	puissance,
bec,	main	mère,	pont
bouillon	pont	oiseau	sieur,
bois,	fuyant,	seing,	sang
bord,	forme,	terre	sergent

31. — Former des noms composés avec les mots suivants en y ajoutant un des verbes *tire, porte, tourne, croque* :

note,	bride,	vent,	mort,
respect,	point,	fond,	trait,
verge,	balle,	choux,	sol,
vis,	mouchettes,	chape,	pied,
bourre,	musc,	broche,	hache,
bouton,	vis,	botte,	bouquet.

32. — Former *six* noms composés avec *garde*, — *six* noms composés avec *passe*, — *quatre* avec *brise*, — *quatre* avec *perce*, — *quatre* avec *serre*.

33. — Former *vingt-quatre* noms composés avec *porte*.

34. — Former des *noms composés* à l'aide des noms suivants en y ajoutant un *nom* et une *préposition* :

bec,	pot,	quèue,	œil,
brèche,	bec,	pied,	vert,
bec,	œil,	pou,	queue,
œil,	pied,	oreille,	oreille,
oreille,	bec,	pied,	vol,
pied,	œil,	oreille,	Côte.

35. — Décomposer les locutions latines suivantes et en donner le sens. Ex. : post-scriptum, *après l'écrit*.

Post-scriptum,	A fortiori,	Vade mecum,
Mea culpa,	Ad libitum,	Sine quâ non,
A priori,	In-quarto,	Te deum,
In-folio,	In-extenso,	In octavo,
Ne varietur,	In-partibus,	Ab irato,
Ad patres,	Intra muros,	Extra muros,
Ex abrupto,	Ex voto,	In extremis.

36. — Expliquer le sens des verbes composés suivants :

arc-bouter,	fainéanter,	manœuvrer,
bouleverser,	faufiler,	saupoudrer,
boursoufler,	fleurdeliser,	sauvegarder,
claquemurer,	gendarmer,	vermoulu.
colporter,	maintenir,	

37. — Décomposer les mots suivants et en donner le sens. Ex. : *homi-cide*, *meurtre* d'un homme; *viti-cole*, qui *cultive* la vigne, etc.

homicide,	ignicole,	fébrifuge,	frigorifique,
agricole,	pacifique,	honorifique,	vermifuge,
centrifuge,	déicide,	agriculteur,	fratricide,
soporifique,	horticulteur,	frugivore,	somnifère,
régicide,	herbivore,	vinicole,	vivipare,
pisciculture,	soporifère,	lanifère,	insectivore.

38. — Même exercice.

liberticide,	carnivore,	viticole,	agriculture,
pisciculteur,	lucifuge,	conifère,	léthifère,
apiculture,	sudorifique,	omnivore,	granivore,
regnicole,	parricide,	morbifique,	sylviculteur,
calorifère,	sylviculture,	suicide,	tyrannicide,
ovipare,	aviculture,	apiculteur,	mammifère.

39. — Décomposer les verbes suivants et en donner le sens. Ex. : Ampli-*fier*
rendre ample, large; barbi-*fier*, *faire* la barbe, etc.

amplifier,	barbifier, ·	béatifier,	bonifier,
certifier,	clarifier,	déifier,	diversifier,
dulcifier,	falsifier,	fortifier,	fructifier,
glorifier,	gratifier,	justifier,	lénifier,
liquéfier,	ossifier,	pacifier,	personnifier,
pétrifier,	purifier,	putréfier,	raréfier,
sanctifier,	sacrifier,	rectifier,	revivifier,
simplifier,	solidifier,	stupéfier,	terrifier,
vivifier,	vitrifier,	versifier,	tuméfier.

II. COMPOSITION PAR LES PRÉFIXES

40. — **Exercices oraux ou écrits. — AB.** — Décomposer les mots suivants et en donner le sens. Ex. : *ab* diquer, renoncer *à*; *ab* ject, ce que l'on rejette loin de soi, vil, méprisable, etc.

abdiquer,	abject,	abus,	abréger,
abducteur,	abolir,	abstraction,	aberration,
abhorrer,	ablution,	abstenir,	aveugle.

Faire entrer chacun de ces mots dans une courte phrase. Ex. : Napoléon I*er*
abdiqua à Fontainebleau.

41. — AD. — ANTE. — BENE (fr. *bien*). — Décomposer les mots suivants
et en donner le sens :

abaisser,	acheminer,	aligner,	amortir,
antécédent,	antichambre,	antédiluvien,	: anticiper,
bénédicité,	bénéfice,	bénédiction,	bénévole.

À l'aide du préfixe *bien*, former des mots nouveaux tirés des mots suivants :

aimé,	faisant,	séant,	venue,
dire,	fait,	tôt,	venu,
être,	heureux,	veillant (pour	séant.
		veuillant, vou-	
		lant),	

42. — BIS (et *bi*). **— CIRCUM** (fr. *circon*). **— CIS.** — Décomposer les mots
suivants et en donner le sens primitif. Ex. : *bi*furquer, diviser en deux comme une
fourche; — *bi*pède, deux pieds, etc.

biennal,	bivalve,	circonspect,	circonstance,
bigame,	bissexte,	circonvoisin,	circumpolaire,
cisrhénan,	cispadan,	cisalpin,	cisjuran.

43. — Avec les préfixes indiqués dans la grammaire (du § 95 au § 121) former des mots composés tirés des mots suivants :

bande,	républicain,	mer,	amirauté,
coup,	partie,	dire,	vent,
courant,	poison,	faire,	temps,
fort,	maître,	signer,	mander,
marche,	sens,	seing,	marque,
sentir,	mère,	façon,	basse,
ordinaire,	bourg,	sanguin,	matériel,
vaguant,	clore,	longer,	réductible,
lancer,	faire,	jeter,	apte,
honnête,	gré,	mis,	fier,
compte,	intelligence,	nuit,	allier,
priser,	garde,	pair,	fait,
estimer,	arriver,	pareil,	dire,
content,	user,	lieu,	exister,
tenir,	poser,	lécher,	rire,
céder,	actif,	alterne,	poser,
position,	mission,	former,	amiral,
action,	figurer,	porter,	consul,
passer,	roi,	gérant,	rectorat,
royaliste,	légat,	recteur,	président.

SECTION II

I. DÉRIVATION DES SUBSTANTIFS

44. Exercices oraux ou écrits. — Donner les mots simples d'où dérivent es mots suivants :

accolade,	grillade,	mousquetade,	passade,
fanfaronnade,	arcade,	promenade,	embrassade,
balustrade,	marinade,	façade,	fusillade,
colonnade,	barricade,	débandade,	gasconnade,
croisade,	glissade,	peuplade,	tirade,
galopade,	orangeade,	Henriade,	rodomontade,
reculade,	colonnade,	bourrade,	Jérémiade.

Donner le sens de chacun de ces mots et expliquer le sens des *dérivés* en les faisant entrer dans une courte phrase. Ex. : *aube*, lueur blanche qui précède le jour ; *aub*ade, concert donné au *point du jour.*

45. — Avec le suffixe *age*, former des substantifs dérivés des mots suivants :

herbe,	plume,	brigand,	ferme,
feuille,	cloison,	ligne,	veuf,
branche,	esclave,	moule,	pèlerin.

46. — Avec le suffixe *age* former des substantifs dérivés des verbes suivants :

raccommoder,	allier,	élaguer,	embaucher,
balayer,	essayer,	ravauder,	rabâcher,
scier,	atteler,	marier,	blinder,
trier,	souffler,	carreler,	chauffer,
assembler,	bavarder,	coller,	plier,
faucher,	bosseler,	couler,	emballer.

47. — Décomposer les mots suivants et ajouter au radical le suffixe *age* pour en former un nouveau dérivé. Ex. : sal *ade*, sal *age*.

aiguill *ade*,	pass *ade*,	sal *ade*,	canonn *ade*,
bourr *ade*,	par *ade*,	ballott *ade*,	marin *ade*,
grill *ade*,	roul *ade*,	gliss *ade*,	tir *ade*.

48. — Avec les suffixes *aie*, *ail* et *ain* former des substantifs dérivés des mots suivants :

gouverner,	châtaignier,	foire,	cerise,
attirer,	tremble,	dix,	rivière,
bouleau,	Albe,	coudrier,	pommier,
osier,	chêne,	rosier,	houx,
Maroc,	Afrique,	sacristie,	république,
ormeau,	chapelle,	aune,	canne.

49. — Avec les suffixes *aire*, *on*, *ation*, *ison*, former des substantifs dérivés des mots suivants :

syllabe,	fraction,	mousquet,	démission,
bibliothèque,	munition,	victime,	convulsion,
célibat,	soumission,	expédition,	pétition,
sermon,	terminer,	vision,	pendre,
formule,	guérir,	mandat,	combiner,
secte,	garnir,	commission,	tondre.

50. — Avec le suffixe *ance* former des substantifs dérivés des mots suivants :

dépendre,	confier,	délivrer,	suffire,
tendre,	défier,	médire,	tempérer,
échoir,	méfier,	résister,	tolérer,
déchoir,	croire,	espérer,	plaire,
obliger,	prévoir,	ignorer,	subsister,
venger,	ressembler,	persévérer,	reconnaître,
répugner,	prévenir,	remontrer,	croître,
contenir,	assister,	souffrir,	jouir,
convenir,	provenir,	désobéir,	naître,
allier,	ordonner,	obéir,	survivre.

51. — Décomposer les mots suivants et retrouver le participe ou le nom d'où ils sont tirés. Ex. : discordance, discordant.

discordance,	clairvoyance,	abondance,	malveillance,
indépendance,	insouciance,	intendance,	bienveillance,
séance,	puisssance,	redondance,	nonchalance,
lieutenance,	vaillance,	bienfaisance,	repentance.

52. — Décomposer les mots suivants et en donner le sens primitif. Ex. : multiplicande, qui *doit être multiplié* (latin *multiplicandum*).

multiplicande,	mécréant,	dividende,	résident,
offrande,	fatigant,	légende,	président,
propagande,	fabricant,	révérend,	excellent,
jurande,	vacant,	prébende,	négligent,
viande,	extravagant,	réprimande,	innocent.

53. — Avec le suffixe *ard*, fém. *arde*, former les substantifs dérivés des mots suivants :

riche,	épine,	housse,	plaque,
bille,	bras,	moût.	puits.

Expliquer le sens du mot *simple* et du mot *dérivé* en les faisant entrer dans une courte phrase. Ex. : On appelle *riche* un homme qui a des richesses ; un *richard*, un homme fort riche.

54. — Avec le suffixe *at*, former des substantifs dérivés des mots suivants :

patriarche,	Auvergne,	pension,	tribun,
concorde,	consul,	triumvir,	archonte,
solde,	proconsul,	assassin,	cardinal,
syndic,	général,	externe,	économe,
relique,	forme,	interne,	marquis.

Expliquer le sens des mots *simples* et des dérivés en les faisant entrer dans de courtes phrases. Ex. : *solde*, paye des gens de guerre ; — *soldat*, l'homme qui reçoit la *solde*.

55. — Avec les suffixes *ation*, *ition*, former des substantifs dérivés des verbes suivants :

abdiquer,	adjurer,	administrer,	composer,
abjurer,	abolir,	admirer,	définir,
abroger,	apposer,	adorer,	disposer,
accentuer	démolir,	affecter,	exhiber,
accepter	déposer,	affirmer,	indisposer,
acclamer,	imposer,	agiter,	opposer,
accumuler,	munir,	aliéner,	supposer,
accuser,	proposer,	alléguer,	répartir,
adapter,	punir,	altérer,	transposer.

56. — Avec les suffixes *é*, *ée* former des substantifs dérivés des mots suivants :

vicomte,	prévôt,	hotte,	table,
comte,	duc,	verre,	chambre,
parent,	soir,	bras,	charrette,
doigt,	matin,	cuiller,	bec,
rang,	étuve,	cuve,	nuit,
aiguille,	feuille,	poing,	maison,
sac,	écuelle,	truelle,	jour.

57. — Avec les suffixes *er*, *ier*, former des substantifs dérivés des mots suivants :

amande,	vinaigre,	châtaigne,	bûche,
cabaret,	tapis,	pêche,	cloche,
cheval,	café,	arc,	écluse,
coche,	ruche,	gabare,	porche,
médaille,	corme,	alise,	arbouse,
vache,	image,	message.	horloge,
serrure,	taverne,	nèfle,	bague,
fromage,	orange,	huile,	bonnet,
bourbe,	résine,	limonade,	guêpe.

58. — Avec le suffixe *ère* ou *ière* former des substantifs dérivés des mots suivants :

tour,	riz,	douaire,	melon,
chènevis,	ardoise,	houblon,	glaise.

59. — Avec le suffixe *erie* former des substantifs dérivés des mots suivants :

1° Noms en *eur*.

artilleur,	imprimeur,	railleur,	moqueur,
confiseur,	jongleur,	rêveur,	tanneur.

2° Noms en *er* ou en *ier*.

acier,	bonnetier,	coutelier,	serrurier,
arquebusier,	boulanger,	drapier,	horloger,
berger,	chevalier,	trésorier,	aumônier,
bijoutier,	pâtissier,	potier,	boucher.

3° Noms formés par analogie.

argent,	ladre,	badin,	brave,
ébéniste,	prude,	coquette,	ivrogne.

60. — Avec le suffixe *esse* former des substantifs dérivés des mots suivants

pair,	hardi,	prophète,	âne,
tigre,	faible,	druide,	chanoine,
prince,	noble,	diable,	délicat,
Suisse,	nègre,	prêtre,	vieil.

61 — Avec le suffixe *eur* former des substantifs dérivés des verbes suivants :

escroquer,	écorcher,	cabaler,	chasser,
marquer,	pêcher,	cajoler,	ramer,
procurer,	tricher,	contrôler,	flâner,
diviser,	commander,	ravauder,	patiner,
avilir,	brûler,	empailler,	jaser.

62. — Donner les verbes qui ont formé les substantifs suivants :

arracheur,	défenseur,	plaideur,	vengeur,
dénicheur,	fumeur,	rôdeur,	rieur,
travailleur,	grimpeur,	ramoneur,	rimeur,
allumeur,	fourbisseur,	pétrisseur,	empoisonneur,
voyageur,	parfumeur,	crieur,	demandeur,
baigneur,	fondeur,	relieur,	trembleur,
ligueur,	siffleur,	souffleur,	valseur,
balayeur,	frondeur,	bâtisseur,	blanchisseur.

63. — Avec les suffixes *euse* (*isseuse*), *eresse*, *ice*, former des substantifs féminins tirés des verbes suivants. — Ex. : frauder, fraud*euse*; pêcher, pêch*eresse*, etc.

frauder,	écorcher,	convertir,	cajoler,
escroquer,	éplucher,	fournir,	contrôler,
marquer,	pêcher,	compter,	mouler,
plaquer,	pêcher,	assembler,	polir,
procurer,	tricher,	brûler,	chasser,
afficher,	accorder,	cabaler,	patiner.

64. — Avec les suffixes *ie* et *ien* former des substantifs dérivés des mots suivants :

malade,	académique,	magique,	pratique,
monotone,	arithmétique,	mathématique,	stoïque,
fou,	fabrique,	satrape,	tactique,
baron,	logique,	galère,	théorique.

65. — Dire comment s'appellent les habitants des pays suivants. Ex.: Alsace, *Alsacien*.

Nubie,	Inde,	Syrie,	Ionie,
Phénicie,	Lydie,	Arménie,	Lacédémone,
Arcadie,	Venise,	Babylone,	Assyrie.

66. — Avec le suffixe *is* former des substantifs dérivés des verbes suivants :

gâcher,	glacer,	treiller,	rouler,
cliqueter,	abattre,	loger,	briser,
hacher,	guillocher,	lever,	presser.

67. — Avec le suffixe *ise* former des substantifs dérivés des mots suivants :

franc,	sot,	couard,	marchand,
bête,	friand,	gourmand,	expert.

68. — Avec les suffixes *isme, iste* former des substantifs dérivés des mots suivants :

sceptique,	monarchie,	latin,	gage,
idéal,	copie,	athée,	nouvelle,
pur,	méthode,	pédant,	alarme,
germain,	drogue,	Vandale,	piano,
stoïque,	archive,	crétin,	chœur,
Calvin,	trappe,	gallican,	apologie,
Hellène,	violoncelle,	fétiche,	annales.

69. — Avec le suffixe *ment* former des substantifs dérivés des verbes suivants :

1° abaisser,	affaisser.	éternuer,	arroser,
abattre,	agencer,	rassembler,	attacher,
aboyer,	ajourner,	allonger,	bâiller,
abonner,	allaiter,	arranger,	engager,
2° accomplir,	amaigrir,	arrondir,	attendrir.
établir,		asservir,	

70. — Donner les verbes qui ont formé les substantifs suivants

achèvement,	allégement,	ensablement,	bégaiement,
acquittement,	amendement.	étonnement,	bouleversement,
cautionnement,	découragement,	discernement,	empêchement,
consentement,	rendement,	bâtiment,	assortiment,
ébahissement,	étourdissement,	amortissement,	avertissement,
bannissement,	épanouissement,	éclaircissement,	abrutissement.

71. — Avec le suffixe *oir* (fém. *oire*) former des substantifs dérivés des verbes suivants :

cracher,	étouffer,	presser,	encenser,
moucher,	dresser,	nager,	réserver,
percher,	mirer,	peigner,	laver,
dévider,	déverser,	couler,	polir.

72. — Avec le suffixe *on* former des substantifs dérivés des mots suivants :

grogner,	compagne,	rogner,	balle.
lorgner,		tendre,	

73. — Avec le suffixe *té* former des substantifs dérivés des adjectifs suivants :

âcre,	chaste,	intime,	tranquille,
honnête,	sûre,	sincère,	trivial,
pauvre,	varié,	bon,	vénal,
ferme,	docile,	avide,	acide,
âpre,	immense,	timide,	banal.

74. — Avec le suffixe *ure* former des substantifs dérivés des mots suivants :

courbe,	mouler,	couvert,	friser,
froid,	peler,	droit,	lever,
vert,	érailler,	teint,	procéder,
piquer,	armer,	éclabousser,	voiler,
écorcher,	flétrir,	scier,	rogner,
éplucher,	fourbir,	enluminer,	rétrécir,
ciseler,	noircir,	échancrer,	rancir.
sculpter,	mâcher,	casser,	vernir.

75. — Donner les verbes qui ont formé les substantifs suivants :

hachure,	doublure,	gravure,	dorure,
soudure,	meurtrissure,	bouffissure,	salissure,
coiffure,	enflure,	tournure,	brunissure,
moisissure,	foulure,	coupure,	capture.

SUFFIXES DIMINUTIFS

76. Exercices oraux ou écrits. — Avec les suffixes *aille, as, asse, eau, elle* former des diminutifs tirés des mots suivants :

mur,	jambon,	dindon,	prune,
valet,	prune,	terre,	tonne,
poisson,	tripe,	mante,	plume,
grain,	fer,	solive,	cuve,
épouser,	manger,	pigeon,	tour,
plâtre,	bloc,	écrit,	dent,
paille,	accorder,	corde,	ombre,
chèvre,	papier,	canne,	rue,
table,	renard,	poutre,	écu,
chapon,	baleine,	citron,	marge.

77. — Retrouver le mot primitif dans les mots dérivés suivants, en indiquant la vieille forme du mot. Ex. : châtelain : *châtel*, château; batelier : *batel*, bateau, etc.

encorbellement,	chamelier,	créneler,	carreler,
bandelette, :	pommelé,	tonnelier,	ciseler,
cordelier,	boisselier,	chapelier,	morceler,
rondelet,	annelé,	bourrelier,	ruisseler,
sceller,	oiselier,	châtelain,	marteler,
peler,	amonceler,	coutelier,	râtelier,
museler,	batelier,	mantelet,	niveler,
cervelet.	renouveler,	échevelé,	agnelet.

78. — Avec le suffixe *eau*, renforcé de *er* ou *et* ou d'une autre consonne, former le diminutif des mots suivants :

bord,	poète,	loup,	lion,
hache,	tombe,	caille,	faisan.

79. — Avec les suffixes *et*, *ette*, *on* (*illon*, *eron*), *ot* (*ote* ou *otte*), former le diminutif des mots suivants :

barbe,	barbe,	double,	corne,
cabine,	bride,	mil,	fosse,
roc,	sablé,	œil,	casque,
sac,	guide,	bassin,	roi,
cabriole,	oiseau,	cordon,	rejet,
col,	vigne,	son,	jupe,
coq,	bûche,	cor(p)s,	médaille,
robin,	balle,	table,	barbe,
broche,	bille,	fille,	chape,
jambe,	manche,	oreille,	forge,
cache,	brûle,	aiguille,	cuisse,
chèvre,	couple,	pomme,	cailler,
épaule,	baril,	chaîne,	main,
côte,	gousse,	face,	geline.

DÉRIVATION SANS SUFFIXES

80. Exercices oraux ou écrits. — Citer des adjectifs employés substantivement.

81. — Citer des noms formés à l'aide des infinitifs.

82. — Former des substantifs dérivés des infinitifs suivants :

oublier,	soupirer,	purger,	vendanger,
scier,	rallonger,	heurter,	égoutter,
soucier,	siéger,	replier,	débattre,
décorer,	souhaiter,	désirer,	combattre.

83. — Donner les infinitifs d'où sont tirés les noms suivants :

aide,	brouille,	effroi,	marche,
applique,	coût,	flair,	plant.

84. — Former des substantifs dérivés des infinitifs suivants :

accorder,	éveiller,	accrocher,	accueillir,
acquitter,	jeter,	appareiller,	amasser,
avouer,	employer,	babiller,	charroyer,
choisir,	dépenser,	contourner,	réveiller,
départir,	détailler,	déblayer,	recueillir,
délayer,	rabattre,	envoyer,	relayer.

85. — Former des substantifs dérivés des verbes suivants, en les mettant au participe présent ou passé :

commander,	faire,	bouffer,	naufrager,
prétendre,	abréger,	fumer,	renommer,
aboutir,	produire,	plaire,	cogner,
verser,	enjamber,	combattre,	saigner,
correspondre,	curer,	représenter,	traîner,
vivre,	chevaucher,	conquérir,	cuver,
assaillir,	contraindre,	clore,	livrer,
stimuler,	découvrir,	prévenir,	percer,
allier,	reprendre,	enduire,	pincer,
enclore,	étreindre,	résumer,	lever.

86. — Donner les verbes qui ont formé les substantifs suivants :

dû,	assemblée,	pipée,	tenue,
contenu,	coulée,	volée,	entrevue,
détenu,	décousu,	armée,	revue,
parvenu,	gelée,	couvée,	conduite,
crue,	mêlée,	étendue,	réduit,
aperçu,	roulée,	venue,	étourdi.

87. — Citer des mots invariables qui ont formé des noms.

II. DÉRIVATION DES ADJECTIFS

88. Exercices oraux ou écrits. — Former des adjectifs dérivés des verbes suivants avec le suffixe *able* :

appliquer,	remarquer,	naviguer,	admirer,
attaquer,	comparer,	honorer,	varier,
pratiquer,	considérer,	préférer,	sembler,
vénérer,	durer,	justifier,	aimer,
séparer,	adorer,	méconnaître,	estimer,
concilier,	agréer,	louer,	habiter.

89. — Former des adjectifs dérivés des mots suivants avec les suffixes *ain* et *ais* :

ville,	Aragon,	république,	Rouen,
certes,	Courlande,	Amérique,	Lyon,
Havane,	Finlande, ·	Grœnland,	Caen,
France,	Versailles,	Dijon,	Havre.

90. — Donner les adjectifs dérivés des mots suivants avec les suffixes *al* ou *el* :

duc,	accident,	pyramide,	nature,
colosse,	mort,	canton,	musique,
brute,	vertèbre,	monument,	colonie,
instrument,	commune,	sentiment,	intestin,
addition,	patron,	condition,	nation,
occasion,	cause,	origine,	dot.

91. — Former des adjectifs venus des mots suivants avec les suffixes *ard*, *âtre*, *aud*, *é* :

pendre,	pleurer,	sourd,	noir,
babiller,	brailler,	fin,	rust(r)e,
nasiller,	campagne,	acier,	pat(t)e,
piller,	fou,	ampoule,	huppe,
beau,	rouge,	variole,	camphre,
bleu,	doux,	notaire,	soufre,
montagne,	lourd,	roux,	vertèbre.

92. — Donner des adjectifs dérivés des mots suivants avec les suffixes *er*, *ier*, ou *ère*, *et*, *eux* ou *euse* :

bocage,	fougue,	herbage,	aventure,
paysage,	miel,	buisson,	nombre,
potage,	écaille,	bas,	valeur,
long,	péril,	blondin,	goutte,
joli,	souci,	limon,	pâte,
verbe,	farine,	pompe,	courage.

93. — Avec les suffixes *ible*, *if*, *in*, *ique*, former des adjectifs dérivés des mots suivants :

compatir,	Arabie,	lire,	type,
malade,	algèbre,	hâter,	allégorie,
oppresser,	épisode,	distinct,	métaphore,
exclure,	chirurgie,	défendre,	magie,
instinct,	léthargie,	inciser,	symbole,
attribut,	carbone,	persuader,	euphonie,
enfant,	scène,	cristal,	Laconie.

94. — Donner les noms d'où sont tirés les adjectifs suivants :

chimérique,	périodique,	économique,	mélancolique,
classique,	hiérarchique,	harmonique,	anatomique,
organique,	analogique,	géographique,	épidémique,
tyrannique,	étymologique,	alphabétique,	hygiénique,
despotique,	minéralogique,	biblique,	volcanique,
syllabique,	académique,	prosodique,	métrique.

95. — Avec les suffixes *ois, ot, u,* former des adjectifs dérivés des noms suivants :

Auxerre,	beau,	crêpe,	barbe,
Bourges,	vieux,	Embrun,	mousse,
Fribourg,	croc,	Genève,	patte,
Bade,	touffe,	Vaud,	tête.

96. — Former des adjectifs avec les verbes suivants en les mettant au participe présent ou passé :

accabler,	exiger,	attacher,	encourager,
convaincre,	résoudre,	dépendre,	rebattre,
approcher,	effréner,	mordre,	aviser.

III. DÉRIVATION DES VERBES

97. Exercices oraux ou écrits. — A l'aide de la terminaison *er* former des verbes nouveaux avec les noms suivants :

groupe,	rouille,	moule,	tenaille,
cadre,	abîme,	masque,	chemin,
tâche,	arme,	fard,	coup,
bavard,	bois,	gambade,	cire,
bride,	grimace,	glace,	sucre,
lit,	idolâtre,	agrafe,	selle.

98. — Donner des verbes dérivés des adjectifs suivants :

égal,	jaloux,	gourmand,	captif,
importun,	actif,	triple,	bossu.
brusque,		badin,	

99. — Décomposer les verbes suivants et dégager le mot simple d'où ils sont tirés. Ex. : Enjamber, *jambe.*

enjamber,	accrocher,	ébarber,	intimider,
aboucher,	ombrager,	affriander,	émincer.

attrister,	effaroucher,	affaiblir,	enfourcher,
affermir,	ébrancher,	amincir,	rajeunir,
empocher,	aggraver,	enorgueillir,	incommoder,
épurer,	aviver,	barricader,	affranchir.

100. — A l'aide de la terminaison *ir* et parfois d'un préfixe former des verbes dérivés des adjectifs suivants :

blanc,	moindre,	tiède,	brut,
froid,	sourd,	rouge,	plat,
jaune,	large,	roux,	lourd,
épais,	terne,	souple,	cher.

101. — Donner des verbes dérivés des adjectifs suivants avec un préfixe et la terminaison *ir* :

court,	rond,	noir,	laid,
dur,	sain,	obscur,	lent,
meuble,	bête,	clair,	beau.
plan,	tendre,	pauvre,	hardi.

102. — A l'aide des terminaisons *iser*, *oyer*, former des verbes dérivés des mots suivants :

martyr,	grec,	animal,	aromate,
canon,	scandale,	minéral,	sympathie,
latin,	net,	symbole,	fosse,
poète,	onde,	tyrannie,	vert.

103. — Avec les suffixes *aille, asse, on, ot*, former des verbes dérivés des mots suivants :

piquer,	balle,	fer,	pelote,
cligner,	fouet,	tronc,	fin,
chiper,	sonner,	rogner,	papier,
vivre,	cracher,	sabler,	tirer.

104. — Décomposer les verbes suivants et dégager le mot simple d'où ils sont tirés : **Ex.** : utiliser, *utile*.

utiliser,	débarrasser,	impatroniser,	emmailloter,
mobiliser,	emmenotter,	fertiliser,	pactiser,
verbaliser,	charroyer,	organiser,	englober,
atermoyer,	invalider,	chatoyer,	rendurcir.

IV. DÉRIVATION DES ADVERBES

105. Exercices oraux ou écrits. — Former des adverbes avec les adjectifs suivants :

absurde,	abusif,	actuel,	admirable,

aigre,	cavalier,	fin,	rapide,
ambitieux,	charitable,	fier,	sincère,
ancien,	chaste,	fertile,	soigneux,
âpre,	chiche,	intime,	prompt,
arbitraire,	honnête,	intrépide,	sain,
atroce,	honteux,	ironique,	secret,
brave,	frais,	grand,	plat,
brutal,	fortuit,	direct,	petit,
candide,	furieux,	honorable,	lâche.

106. — Former des adverbes avec les adjectifs suivants en mettant les signes orthographiques nécessaires :

aise,	uniforme,	commun,	gentil,
commode,	assidu,	conforme,	cru,
énorme,	goulu,	confuse,	dû,
expresse,	indu,	immense,	résolu,
opiniâtre,	ingénu,	impuni,	hardi.
précis,		profond,	

107. — Former des adverbes avec les adjectifs suivants :

abondant,	brillant,	fréquent.	méchant,
ardent,	concurrent,	arrogant,	suffisant.

SECTION III

MOTS DÉRIVÉS DU GREC

108. — Décomposer les mots suivants et en donner le sens primitif :

anthropophage,	hydrocéphale,	monographie,	polygone,
archéologie,	hydromètre,	monarque,	polytechnicien,
autonomie,	isochrone,	monolithe,	polythéisme,
autographe,	isogone,	monosyllabe,	télégraphie,
cacophonie,	lithophage,	orthographe.	théocratie,
chronologie,	logographe,	philologie,	zoographie,
gastralgie,	métronome,	phonomètre,	zoolithe,
géométrie,	microcosme,	polycéphale,	zoologie.

109. — Décomposer les mots suivants et en donner le sens. Ex. : a céphale, *sans* ête.

asphyxie,	aphorisme,	dyslalie,	dysphagie,
athée,	cataplasme,	dysopie,	endémie,
catégorie,	cataclysme,	enchymose,	encéphale,
amphibie,	diadème,	enclitique,	épigraphe,
anachorète,	diagonal,	épilepsie,	épilogue,
antiseptique,	diastase,	dilemme,	épiglotte.

110. — Décomposer les mots suivants et en donner le sens :

euphémisme,	paroxysme,	parotide,	périphérie,
métacarpe,	hypothèse,	périgée,	prolepse,
métatarse,	métathèse,	péritoine,	symbole,
métonymie,	paradigme,	prosopopée,	syncope,
paradoxe,	parallèle,	syllogisme,	synérèse,
paraphase,	parasite,	synoptique,	système.

111. — Dire en un seul mot les expressions suivantes. Ex. : *changement de place*, métathèse.

sur le derme,	deux ailes,
sans tête,	deux pétales,
sans pied,	science des météores,
sans aile,	sur un tombeau,
deux pieds,	dans la tête,
deux syllabes,	mesure autour,
sur le peuple,	changement de forme,
sans dieu,	éloignement du soleil,
sans gouvernement,	éloignement de la terre,
deux vies,	enveloppe du cœur.

112. — Donner les dérivés des mots suivants :

abri,	rein,	caoutchouc,	printemps,
cacao,	sirop,	fer-blanc.	peau (v. fr. *pel*).

SECTION IV

FAMILLES DE MOTS

113. Exercices oraux ou écrits. — Donner les mots de la même famille que *art*.
Art (lat. *ars, artis*). — Radical *art* et *ert*.

114. — Donner les mots de la même famille que *balle*.
Balle (lat. *balla*). — Radical *ball* et *bal*.

115. — Donner les mots de la même famille que *corps*, en expliquant les rapports de signification des composés et des dérivés avec la racine.
Corps (lat. *corpus, corporis*). — Radical *corp, cor, cors*.

CHAPITRE III

SIGNES ORTHOGRAPHIQUES — MAJUSCULES

116. Exercices oraux ou écrits. — Lire ou copier le morceau suivant en indiquant les divers signes orthographiques employés ou en soulignant d'un trait les mots avec accent aigu, de deux traits les mots avec accent grave, de trois traits les mots avec accent circonflexe.

La cascade de Staubach

Le Staubach est une des cascades les plus vantées de la Suisse. Nous avions vu de loin cette immense colonne, semblable à une trombe qui se précipite de neuf cents pieds de haut par une chute perpendiculaire, quoique légèrement arquée par l'impulsion que lui donnent les chutes supérieures. Nous nous approchâmes d'elle aussi près que nous le pûmes, c'est-à-dire jusqu'au bord du bassin qu'elle s'est creusé dans le roc, non par la force, mais par la continuité de sa chute; car cette colonne, compacte au moment où elle s'élance du rocher, en arrivant au bas, n'est plus que poussière. Il est impossible de se figurer quelque chose d'aussi gracieux que les mouvements ondulés de cette magnifique cascade : un palmier qui plie, un serpent qui se déroule, n'ont pas plus de souplesse qu'elle. Chaque souffle du vent la fait onduler comme la queue d'un cheval gigantesque; si bien que de ce volume immense d'eau qui se précipite, puis se divise, puis s'éparpille, quelques gouttes à peine tombent quelquefois dans le bassin destiné à les recevoir. La brise emporte le reste, et va le secouer à la distance d'un quart de lieue sur les arbres et sur les fleurs comme une rosée de diamants. C'est grâce aux accidents auxquels est soumise cette belle cascade que deux voyageurs, à dix minutes d'intervalle l'un de l'autre, ont rarement pu la voir sous la même forme, tant les caprices de l'air ont de l'influence sur elle, et tant elle met de coquetterie à les suivre! Ce n'est pas seulement dans sa forme, mais encore dans sa couleur qu'elle varie ; à chaque heure du jour, elle semble changer l'étoffe de sa robe, tant les rayons du soleil se réfractent en nuances différentes dans sa poussière liquide et dans ses étincelles d'eau! Parfois arrivent tout à coup des courants d'un vent du sud qui saisissent la cascade au moment où elle va tomber, l'arrêtent suspendue, la repoussent vers sa source et interrompent entièrement sa chute, puis les eaux courent bientôt se précipiter dans la vallée, plus bruyantes et plus rapides. Parfois encore des bouffées de vent du nord à l'haleine glacée gèlent d'un souffle ces flocons d'écume, qui se condensent en grêle. Sur ces entrefaites, l'hiver arrive, la neige tombe, s'attache à la paroi du rocher d'où la cascade se balance, se convertit en glace, augmente de jour en jour les masses qui s'allongent à sa droite et à sa gauche, puis enfin finissent par figurer deux énormes pilastres renversés qui semblent la première assise d'une architecture audacieuse qui poserait ses fondements en l'air et bâtirait du haut en bas.

ALEXANDRE DUMAS (*Impressions de voyage*, Calmann Lévy, éditeur).

117. Exercice écrit. — Copier le morceau suivant en le transcrivant avec l'orthographe actuelle et en mettant les signes orthographiques.

La Sainct-Barthelemy.

La Royne-mere, peu apres la minuict du samedi passee, fut veuë entrer dans la chambre du Roy, n'ayant avec elle qu'une femme de chambre, quelques seigneurs qui y furent mandez, y entrerent peu de temps apres, mais je ne sçay pourquoy ce fut. Bien est vray que deux heures apres, on donna le signe du temple de Sainct Germain l'Auxerrois, à son de cloche : lequel ouy, soudain les soldats qui estoyent en garde devant le logis de l'Amiral, forçant la porte du logis, y entrerent facilement, leur ayant esté aussi tost ouverte, que le non du Roy (duquel ils se vantoyent) y fut ouy. Le duc de Guyse y entra aussi tost apres à cheval, accompagné d'une grande troupe de ses partizans : il n'y eut que peu ou point de resistance, n'estans ceux de la famille et suite de l'Amiral aucunement armez.

L'Amiral oyant le bruit, et craignant qu'il y eust quelque sedition, commanda à un sien valet de chambre (qu'on nommoit Nicolas le Trucheman) de monter sur le toict du logis, et appeler les soldats de la garde, que le Roy lui avoit baillez, ne pensant à rien moins que ce fussent eux qui faisoyent l'effort et violence : quant à luy, il se leva, et s'estant affublé de sa robe de nuict, se mit à prier Dieu : et à l'instant un nommé le Besme Alleman, serviteur domestique du duc de Guyse, qui avec les capitaines Caussens, Sarlaboux, et plusieurs autres, estoit entré dans sa chambre, le tua : toutesfois Sarlaboux s'est vanté que ce fut luy.

Les dernières paroles de l'Amiral, parlant au Besme, furent : « Mon enfant, te ne feras ja pourtant ma vie plus brieve. »

Le corps mort de l'Amiral fut jetté par Sarlaboux par les fenestres de sa chambre, en la cour de son logis, par le commandement du duc de Guyse, et du duc d'Aumale (qui y estoit aussi accouru) et le voulurent voir mort devant que partir de là.

THÉODORE DE BÈZE (1519-1605).

118. Exercice oral. — Donner les noms de même famille que les mots suivants et qui n'ont pas remplacé l'*s* par l'accent *circonflexe*, en les faisant entrer dans une courte phrase. Ex. : Le garde *forestier* surveille la *forêt*.

arrêt,	côte,	Pâques,	intérêt,
apôtre,	tête,	vêpres,	protêt,
épître,	fête,	vêtir,	bête,
bâtonner,	forêt,	évêque,	prêtre,
hôpital,	baptême,	pâtre,	blâme.

CHAPITRE IV

DE LA PONCTUATION

119. Exercices oraux ou écrits. — 1° Lire ou copier le morceau suivant en remettant les virgules. — 2° Donner le sens des mots : *Alexandre, Babylone, Bacchus, Indes, Araspe.*

Alexandre

Alexandre fit son entrée dans Babylone avec un éclat qui surpassait tout ce que l'univers avait jamais vu ; et après avoir vengé la Grèce après avoir subjugué avec une promptitude incroyable toutes les terres de la domination persane pour assurer de tous côtés son nouvel empire ou plutôt pour contenter son ambition et rendre son nom plus fameux que celui de Bacchus il entra dans les Indes où il poussa ses conquêtes plus loin que ce célèbre vainqueur. Mais celui que les déserts les fleuves et les montagnes n'étaient pas capables d'arrêter fut contraint de céder à ses soldats rebutés qui lui demandaient du repos. Réduit à se contenter des superbes monuments qu'il laissa sur le bord de l'Araspe il ramena son armée par une autre route que celle qu'il avait tenue et dompta tous les pays qu'il trouva sur son passage.

Il revint à Babylone craint et respecté non pas comme un conquérant mais comme un dieu. Mais cet empire formidable qu'il avait conquis ne dura pas plus longtemps que sa vie qui fut fort courte. A l'âge de trente-trois ans au milieu des plus vastes desseins qu'un homme eût jamais conçus et avec les plus justes espérances d'un heureux succès il mourut sans avoir eu le loisir d'établir solidement ses affaires laissant un frère imbécile et des enfants en bas âge incapables de soutenir un si grand poids.

BOSSUET

120. — 1° Lire ou copier le morceau suivant en remettant les points et les virgules. — 2° Remplacer par des synonymes les mots en *italique*.

Bonheur de la vie des champs

Heureux celui pour qui le village voisin même est une terre étrangère; il met sa gloire et sa religion à rendre heureux ce qui l'*environne* s'il ne voit dans ses jardins ni les fruits de l'Asie ni les *ombrages* de l'Amérique il cultive des plantes qui font la joie de sa femme et de ses enfants dès que ses blés sont mûrs il rassemble ses parents il invite ses voisins et dès l'*aurore* il y entre avec eux la faucille à la main son cœur *palpite* de joie en voyant ses gerbes *s'accumuler* et ses enfants danser autour d'elles couronnés de bluets et de coquelicots : leurs jeux lui rappellent ceux de son premier âge et la *mémoire* des vertueux ancêtres qu'il espère *revoir* un jour dans un monde plus heureux

BERNARDIN DE SAINT-PIERRE.

CHAPITRE V

HOMONYMES — PARONYMES — SYNONYMES

I. HOMONYMES

121. Exercice oral ou écrit. — Donner les homonymes de *tain, tan, ton tord, tour, tournoi, trait,* et en indiquer le sens.

122. Exercice oral ou écrit. — Dans les phrases suivantes, remplacer chaque tiret par un des homonymes : *chaume, chaume* (je), *chôme* (je), — *exaucer, exhausser.*

Dans plus d'un village de Normandie, les toits des maisons sont couverts de —.

Il faut que le paysan — son champ avant d'y faire les semailles.

L'ouvrier — quand il est sans ouvrage; la terre — quand elle demeure sans semences.

Plus on est puissant, plus on doit — les vœux des malheureux.

En certains endroits on a dû — les rives de la Loire pour prévenir les inondations.

123. Exercice oral ou écrit. — Dans les phrases suivantes, remplacer chaque tiret par un des homonymes : *cane, canne, Cannes,* — *chœur, cœur.*

L'oie est la femelle du jars, et la — celle du canard.

Les élégants de 1790 tenaient à la main une grosse — qui renfermait un sabre droit.

Après la bataille de —, Annibal vainqueur montra moins d'habileté que Rome vaincue ne montra de constance.

Dans le théâtre des Grecs le — se tenait dans l'orchestre.

A tous les — bien nés que la patrie est chère!

Nos pères prétendaient qu'il fallait pour faire une cathédrale parfaite : portail de Reims, clochers de Chartres, — de Beauvais, nef d'Amiens.

124. Exercice oral ou écrit. — Composer de petites phrases dans lesquelles on fera entrer les homonymes suivants : *cor, corps, cors,* — *ente, hante.*

125. Exercice oral ou écrit. — Composer de petites phrases dans lesquelles on fera entrer les homonymes suivants : *auspice, auspices, hospice,* — *avant, avent.*

II. PARONYMES

126. Exercices oraux ou écrits. — Dans les phrases suivantes l'élève remplacera chaque tiret par un des paronymes : *affermer, affirmer ; affilé, effilé.*

On ne doit rien — à la légère.

Le propriétaire dit en parlant de son champ : je vais le —, en parlant de sa maison : je vais la louer.

Le bistouri est un couteau très — dont se servent les chirurgiens.

Il ne faut pas confondre le linge — par l'usure avec le —, linge bordé de frange de fil que nos pères portaient en signe de deuil.

On appelle cheval — celui qui a une encolure fine et déliée, tel que le cheval irlandais.

127. — Dans les phrases suivantes l'élève remplacera chaque tiret par un des paronymes : *allusion, illusion* ; *éminent, imminent.*

Les plaines sablonneuses d'Égypte donnent souvent au voyageur l' — d'un lac immense renfermant à l'horizon de verdoyants villages ; c'est le mirage, expliqué pour la première fois par le savant Monge pendant l'expédition d'Égypte.

Dans ses fables, où paraissent tant d'animaux divers, La Fontaine fait sans cesse — aux défauts des humains.

Saint Vincent de Paul rendit un — service aux pauvres, en créant en 1638 l'établissement des Enfants trouvés.

Plus un péril est —, plus il faut de sang-froid et de présence d'esprit pour savoir l'éviter.

III. SYNONYMES.

128. Exercices oraux ou écrits. — Dans les phrases suivantes l'élève remplacera chaque tiret par un des synonymes : *abattement, accablement, langueur, découragement, désespoir,* selon le sens.

La belle saison ne me rendit point mes forces ; et je passai toute l'année dans un état de —. (J.-J. ROUSSEAU.)

La fureur et le — leur tenaient lieu de courage, et rendaient superflue toute exhortation. (ROLLIN.)

Les âmes les plus fortes ont bien des moments de —.

Ils avaient perdu leurs armes sur les chemins, ou les avaient eux-mêmes jetées de — et de lassitude. (Bossuet.)

La trahison d'un faux ami porte dans mon cœur le —, la tristesse et la mort.

129. Dans les phrases suivantes, l'élève remplacera chaque tiret par un des synonymes : 1° *accélérer, presser, dépêcher,* — 2° *distraire, divertir, détourner,* selon le sens.

Le lièvre qui ne se — pas est facilement battu par la tortue.

Les esprits brouillons ne gagnent rien à se —.

Les succès des méchants ne font que — leur perte.

Bossuet dit quelque part que tout à la Cour est couvert d'un air gai, et qu'on ne songe qu'à s'y —.

Défiez-vous toujours de celui qui veut vous — de votre devoir.

Quand on vient d'accomplir une tâche qui exigeait une grande attention, il est salutaire de se — l'esprit.

130. — Dans les phrases suivantes, l'élève remplacera chaque tiret par un des synonymes : *affreux, horrible, effroyable, épouvantable,* selon le sens.

Beaucoup affirment que les courses de taureaux en Espagne, courses où des chevaux sont éventrés, où le sang coule, présentent un spectacle —.

Le roseau dit finement au chêne :

« Les vents me sont moins qu'à vous redoutables :
Je plie et ne romps pas. Vous avez jusqu'ici
    Contre leurs coups —
    Résisté sans courber le dos;
Mais attendons la fin. »
                     (La Fontaine.)

L'homme qui pendant sa jeunesse n'a pas su se faire certaines économies risque souvent de finir ses jours dans une — misère.

O nuit désastreuse, nuit — où retentit tout à coup comme un éclat de tonnerre cette étonnante nouvelle : Madame se meurt, Madame est morte. (Bossuet.)

131. — Expliquer les nuances de sens qui distinguent les mots : *barbarie, cruauté, férocité, inhumanité.*

132. — Expliquer les nuances de sens qui distinguent les mots : *brouille, brouillerie,* — *carnivore, carnassier,* — *char, charrette, chariot.*

133. — Expliquer les nuances de sens qui distinguent les mots : *cœur, courage, valeur, vaillance, bravoure, intrépidité, hardiesse.*

LIVRE II

ÉTUDE DES MOTS

CHAPITRE I

DU NOM OU SUBSTANTIF

SECTIONS I, II

134. Exercice. — Copier ou écrire sous la dictée le morceau suivant en soulignant d'un trait les substantifs.

Le pigeon, l'hirondelle et le moineau

Le pigeon, l'hirondelle et le moineau sont les hôtes volontaires de la maison de l'homme. On croirait que la nature les a produits tout exprès pour entretenir dans sa pensée le souvenir de son premier état, et pour ne pas lui laisser perdre de vue ses anciens rapports avec le reste du monde créé. Ils ne sont pas vassaux par droit de conquête; seulement ils aiment à vivre dans les bâtiments qu'il a édifiés, et y accourent à l'envi, comme s'ils étaient faits pour eux. Ils l'enchantent des grâces variées de leur vol, de leurs chants et de leurs couleurs; car le pigeon plane avec élégance et avec noblesse, il déploie au soleil les richesses de sa robe nuancée de mille reflets : la douce et timide hirondelle, au vêtement plus sévère, comme il convient à une exilée, file, s'égare et disparaît dans l'air. Elle va au loin pour nous préparer à la perdre; elle vient de loin pour nous consoler par l'idée de la revoir. Elle ne sait que se plaindre; son murmure inquiet ressemble à des pleurs;

elle annonce la pluie et elle annonce le deuil de l'année, le retour
de la bonne saison; elle porte sur ses ailes noires le calendrier du
laboureur. C'est elle qui a appris à nos pères l'art de l'architecture rustique; c'est elle qui nous apprend la reconnaissance
pour l'hospitalité. Le moineau, habillé comme un simple paysan
pauvre, mais robuste, de bonne humeur et tout dispos; le moineau vif, indiscret, curieux, pétulant, vole, sautille, bondit au milieu
de nos troupeaux et de nos enfants. Il babille, il siffle, il porte
partout la gaieté. Libre habitant du toit domestique où il paye sa
bienvenue en plaisirs, on lui doit tout ce qu'il dérobe, on lui donne
tout ce qu'il demande, mais il le sait si bien qu'il ne manque jamais,
quand la neige couvre la terre où dorment les semences que nous
lui avons confiées, de venir frapper du bec, avec un air résolu,
à la vitre de la salle à manger pour réclamer les miettes du festin.

(*Brevet élémentaire*, 1887).

135. Exercice écrit. — Relever dans le texte ci-dessus : 1° dix noms dérivés
des verbes, — 2° quatre noms dérivés des adjectifs, — 3° dix verbes qui ont donné
des noms, — 4° dix adjectifs qui ont donné des noms.

136. Exercice. — Copier ou écrire sous la dictée le morceau suivant en
soulignant d'un trait les noms propres. — Expliquer les noms propres. — Donner
dix noms d'embarcations, comme *frégate*. — Donner dix noms désignant les parties d'un vaisseau.

Les corsaires français pendant la guerre
de la Ligue d'Augsbourg

Au moment où les Anglo-Bataves menaçaient en vain Dunkerque
après Saint-Malo, les deux héros qu'avaient enfantés ces deux
villes se signalaient par de nouveaux exploits. Jean Bart, avec six
vaisseaux et deux flûtes armées, avait été au-devant d'une flotte
marchande danoise et suédoise qui apportait des blés de la Baltique
en France, où la cherté des vivres durait encore. Quand il rencontra
cette flotte, entre la Meuse et le Texel, elle venait de tomber au
pouvoir de huit vaisseaux hollandais supérieurs en force aux bâtiments de l'escadrille française. Jean Bart commande sur-le-champ
un abordage général, emporte trois des vaisseaux ennemis, met les
autres en fuite et ramène au grand complet dans nos ports les
cent navires chargés de grains.

Duguay-Trouin, plus précoce encore que n'avait été Tourville,
égalait, à vingt et un ans, les premiers de ces marins français
dont les noms étaient devenus aussi terribles à l'imagination des
peuples que les noms des anciens rois des mers. Avec une frégate

de trente canons, il avait enlevé deux bâtiments anglais d'égale force : il est enveloppé par six vaisseaux de ligne anglais; blessé et pris après une lutte prodigieuse, il s'évade·dans une barque comme avaient fait naguère Jean Bart et Forbin, revient prendre le commandement d'un navire de quarante-huit canons, attaque à la fois deux bâtiments anglais de cinquante et trente-huit canons, et les prend tous deux. Château-Renault, aussi bon du bras que de la tête, avait de son côté enlevé à l'abordage un vaisseau anglais qui rapportait de l'Inde des valeurs énormes en diamants.

HENRI MARTIN (*Histoire de France*, Jouvet et C⁺ édit.).

137. Exercice. — Copier ou écrire sous la dictée le morceau suivant en soulignant d'un trait les noms au singulier, de deux traits les noms au pluriel dans la première strophe. — Mettre en prose le même morceau.— Apprendre par cœur le même morceau.

Exhortation à la charité

Donnez, riches! L'aumône est sœur de la prière.
Hélas! quand un vieillard, sur votre seuil de pierre,
Tout roidi par l'hiver, en vain tombe à genoux,
Quand les petits enfants, les mains de froid rougies,
Ramassent sous vos pieds les miettes des orgies,
La face du Seigneur se détourne de vous.

Donnez! afin que Dieu, qui dote les familles,
Donne à vos fils la force, et la grâce à vos filles;
Afin que votre vigne ait toujours un doux fruit;
Afin qu'un blé plus mûr fasse plier vos granges;
Afin d'être meilleurs; afin de voir les anges
         Passer dans vos rêves la nuit!

Donnez! Il vient un jour où la terre nous laisse.
Vos aumônes là-haut vous font une richesse.
Donnez! afin qu'on dise : Il a pitié de nous!
Afin que l'indigent que glacent les tempêtes,
Que le pauvre qui souffre à côté de vos fêtes,
Au seuil de vos palais fixe un œil moins jaloux.

Donnez! pour être aimés du Dieu qui se fit homme,
Pour que le méchant même en s'inclinant vous nomme,
Pour que votre foyer soit calme et fraternel;
Donnez! afin qu'un jour, à votre heure dernière,
Contre tous vos péchés vous ayez la prière
         D'un mendiant puissant au ciel!

VICTOR HUGO (*les Feuilles d'automne*, Quantin, éditeur).

138. Exercice oral. — Employer dans de petites phrases les substantifs *seuil, pied, fruit, rêve,* au propre et au figuré.

139. Exercices oraux ou écrits. — A quelles remarques de grammaire historique peuvent donner lieu les phrases suivantes.

J'ai vu plusieurs jurisconsultes et grands hommes d'État s'étendre sur *cet affaire* (le duel). (D'Aubigné, xvi° siècle.)

A *son bel aise* aura lieu de s'instruire. (La Fontaine.)

Certainement il entendait combien était *grande l'abîme* de nos péchés. (Calvin, xvi° siècle.)

Ils sont *un énigme* inexplicable à eux-mêmes. (Massillon.)

Chaque cité avait *sa diocèse.* (Calvin, xvi° siècle.)

Son mépris paraît trop, *ma doute* n'est point vaine. (Rotrou.)

Il a donné *cette duché* à son fils. (Sévigné.)

Il avait une cicatrice que couvrait *une petite emplâtre.* (Hamilton.)

Comme il ne se servit que d'*une vieille évangile* et qu'il ne dît que de vieilles vérités, son discours parut vieux. (Sévigné.)

Il leur permit de sortir leur *honneur sauve.* (Montaigne, xvi° siècle.)

> Jamais *idole, quel qu'il fût,*
> N'avait eu cuisine si grasse. (La Fontaine.)

On ne se pique point d'*une reproche* qu'on peut faire à tout le monde. (Malherbe, xvi° siècle.)

> Ah! si d'une autre chaîne il n'était point lié,
> L'*offre* de mon hymen l'eût-*il* tant effrayé? (Racine.)

Je n'ai plus qu'à mourir, mon *épitaphe* est *fait.* (Corneille.)

La contre-poison doit être plus *forte* que la *poison,* afin qu'*elle* domine. (Paré, xvi° siècle.)

Tout semble en *ce rencontre* avoir juré ma perte. (Th. Corneille.)

De même que l'ancre empêche que *la navire* ne soit emportée. (Bossuet.)

SECTION III

140. Exercices oraux ou écrits. — Donner vingt noms propres de personnes empruntés à une qualité ou à un défaut de l'esprit ou du corps.

141. — Donner vingt noms propres de personnes empruntés à une profession, à une dignité.

142. — Donner vingt noms propres de personnes empruntés à un lieu d'habitation.

143. — Donner dix noms propres de personnes empruntés à la nationalité.

144. — Donner dix noms propres de personnes empruntés au règne animal.

145. — Donner dix noms propres de personnes empruntés au règne végétal.

146. — Donner dix noms géographiques indiquant la configuration ou la nature du sol, ou du monument.

147. — Donner six noms géographiques indiquant des plantes.

148. — Donner dix noms géographiques indiquant le nom d'un personnage, d'une divinité.

———

CHAPITRE II

DE L'ARTICLE

149. Exercice. — Copier ou écrire sous la dictée le morceau suivant en sou-lignant d'un trait l'article défini, de deux traits l'article indéfini.

Le fruit

Le fruit est le caractère principal de la plante. On en peut juger d'abord par les soins que la nature prend pour le former et pour le conserver. Il est le dernier terme de ses productions. Si vous exa-minez dans un végétal les enveloppes qui renferment ses feuilles, ses fleurs et ses fruits, vous trouvez une progression merveilleuse de soins et de précautions. Les simples bourgeons à feuilles sont aisés à reconnaître à la simplicité de leurs étuis : il y a même des plantes qui n'en ont pas, comme les pousses des graminées qui sor-tent immédiatement de terre et n'ont besoin d'aucune protection étrangère. Mais les bourgeons qui contiennent des fleurs sont garantis contre les influences extérieures par des gaines protec-trices. Bernardin de Saint-Pierre.

150. Exercice oral. — Donner dix noms d'arbres à fruits, — dix noms dési-gnant les parties de la plante.

151. Exercice d'analyse. — Analyser logiquement et de vive voix la phrase : *Si vous examinez dans un végétal les enveloppes qui renferment ses feuilles, ses fleurs et ses fruits, vous trouvez une progression merveilleuse de soins et de précautions.*

152. Exercice. — Copier ou écrire sous la dictée les vers suivants en rem-plaçant chaque tiret par un article ou par la préposition *de.*

La neige

Qu'il est doux, qu'il est doux d'écouter — histoires.
    — histoires — temps passé,
  Quand — branches — arbres sont noires,
Quand — neige est épaisse et charge — sol glacé,

Quand, seul, dans — ciel pâle — peuplier s'élance,
Quand sous — manteau blanc qui vient de le cacher,
L'immobile corbeau sur l'arbre se balance,
Comme — girouette — bout — long clocher!

A. DE VIGNY (*Poésies complètes*, Calmann Lévy, éditeur).

153. Exercice écrit. — Mettre les mèmes vers en prose.
154. Exercice de mémoire. — Apprendre par cœur les vers précédents.
155. Exercices oraux ou écrits. — A quelles remarques de grammaire
historique peuvent donner lieu les phrases suivantes ?

Le bien que tu peux faire au matin n'attend pas le soir ni *l'ende-
main.* (MÉNAGIER, XIVᵉ siècle.)

> Là vous verrez mille peuples divers
> D'habits, de mœurs, de langage, couverts
> L'un de laurier, l'autre vêtu *d'hierre,*
> Vous saluer le seigneur de leur terre.
>
> (RONSARD, XVIᵉ siècle.)

Entre les autres, je fus fort émerveillé d'une forteresse que *l'oriol*
avait faite pour la sauvegarde de ses petits. (PALISSY, XVIᵉ siècle.)

Le duc de Bourgogne fit une chevauchée *es* marches de Picardie.
(FROISSART, XIVᵉ siècle.)

Et *del* mostier (monastère) tous les huis desferma (ouvrit).

> (*Roncevaux*, XIIᵉ siècle.)

Si estes sueur (sœur) *al* marquis Ollivier.   (*Id.*)

. Lequel avait pour premier chambellan *ung* qui depuis s'est appelé
monseigneur de Chimay. (COMMINES, XVᵉ siècle.)

CHAPITRE III

DE L'ADJECTIF

SECTION I

ADJECTIFS QUALIFICATIFS

156. Exercice. — Copier ou écrire sous la dictée le morceau suivant en soulignant d'un trait les adjectifs qualificatifs.

La route de Pierrefitte à Luz

C'est, sans contredit, la partie la plus austère et la plus caractérisée des Pyrénées. Tout y prend un aspect formidable. Les monts se resserrent, le Gave s'encaisse et gronde sourdement en passant sous les arcades de rochers et de vigne sauvage : les flancs noirs des rochers se couvrent de plantes grimpantes dont le vert vigoureux passe à des teintes bleues, sur les plans éloignés, et à des tons grisâtres, sur les sommets. L'eau du torrent en reçoit des reflets tantôt d'un vert limpide, tantôt d'un bleu mat et ardoisé comme on en voit sur les eaux de la mer. De grands ponts de marbre d'une seule arche s'élancent d'un flanc à l'autre de la montagne au-dessus des précipices. Rien n'est si imposant que la structure et la situation de ces ponts jetés dans l'espace et nageant dans l'air blanc et humide qui semble tomber à regret dans le ravin. La route passe d'un flanc à l'autre de la gorge, sept fois dans l'espace de quatre lieues.

Lorsque nos deux voyageurs franchirent le septième pont, ils aperçurent au fond de la gorge, qui insensiblement s'élargissait devant eux, la délicieuse vallée de Luz, inondée des feux du soleil levant. La hauteur des montagnes qui bordaient la route ne permettait pas encore au rayon matinal d'arriver jusqu'à eux. Le ravin était endormi encore; le merle d'eau ne faisait pas entendre son petit cri plaintif, dans les herbes du torrent; l'eau bouillonnante et froide soulevait avec effort les voiles de brouillard étendus sur elle : à peine, vers les hauteurs, quelques lumières doraient les anfractuosités des rochers et la chevelure pendante des clématites ; mais, au fond de ce sévère paysage, derrière ces masses noires, âpres et revêches comme les sites animés de Salvator, la belle vallée, baignée d'une rosée étincelante, nageait dans la lumière et formait une nappe d'or dans un cadre de marbre noir.

GEORGE SAND (*Œuvres complètes*, Calmann Lévy, éditeur).

(*Brevet élémentaire*, 1887.)

157. Exercice oral. — Donner dix adjectifs désignant des couleurs, comme *blanc*, — cinq marquant une qualité, comme *beau*, — et cinq marquant le défaut opposé, comme *laid*.

158. Exercice oral. — Indiquer les nuances de sens qui distinguent *fort*, *vigoureux, robuste*, — *matinier, matinal, matineux*.

159. Exercice. — Dans les phrases suivantes remplacer chaque tiret par un des adjectifs *étranger, secret, ras, long, jaloux, complet, blanc, haut, bleu, doux, lourd, massif, vif, généreux, doux, persuasif, dur, hautain, vif, intelligent, laborieux, favori, grand, harmonieux, discret, ambigu, sec, majeur, épais, oblong, niais, chinois,* en les mettant au genre et au nombre convenables.

Les douaniers arrêtent au passage les marchandises —.

L'enfance a une grâce — qui désarme les cœurs les plus cruels.

On appelle — campagne une — plaine sans bois, sans accidents de terrain.

Cette mère était — de l'affection de ses enfants.

La fête serait — si vous y veniez aussi.

Le sage Sophronyme avait une barbe — et une — taille ; ses yeux — étaient vifs et perçants, sa voix —, ses paroles simples et aimables.

Malgré sa forme — et — l'éléphant a une démarche — et rapide.

La patience est une amie — qui partage avec nous le fardeau de nos peines.

Il ne suffit pas d'avoir raison ; il faut soutenir ses idées d'une manière — et — et non avec des paroles — et —.

Charles était un enfant lent et paresseux ; Madeleine au contraire était —, — et —.

La chasse était la distraction — du roi Louis XIII.

Les portraits de nos — mères du xviiie siècle nous les montrent portant de charmants costumes aux couleurs — et —.

N'employez jamais d'expressions —, ni de paroles —, mais efforcez-vous de rendre la vérité toujours aimable.

En France, une jeune fille est — à vingt et un ans.

Les œufs de l'autruche ont une coquille fort —, la forme en est — et la couleur semblable à celle de l'ivoire.

Rien n'est plus déplaisant qu'une figure —.

Toute ville — est remarquable par sa malpropreté.

180. Exercice. — Dans les phrases suivantes remplacer chaque tiret par un des adjectifs *profond, haut, épais, idéal, gentil, gracieux, beau, trivial, colossal, matériel, moral, fatal, pastoral, étranger, froid, tempéré, naturel, méridional, septentrional, boréal, initial, patriarcal, central,* en les mettant au genre et au nombre convenables.

Les fortifications du moyen âge consistaient surtout dans des fossés —, des murs — et —.

Les peintres du siècle dernier représentaient souvent des paysages —, avec des temples, des ruines, des barques de pêche rentrant au port.

Les vers de ce poète sont — et — plutôt que — et élevés.

Prenez garde de tomber dans des détails —.

Deux statues — en granit étaient placées à l'entrée du temple.

Il ne suffit pas de pourvoir aux besoins — d'une nation, il faut encore satisfaire ses besoins —.

Les batailles de Pharsale et de Philippes furent des événements — à la république romaine.

Les romans —, si goûtés du temps de Florian, sont aujourd'hui tombés dans l'oubli.

— à nos contrées plutôt — que —, la datte et la grenade sont — des climats —.

Les longues nuits des pays — sont éclairées par les aurores —.

Si vous supprimez Dieu, comment expliquez-vous le mouvement — de notre univers?

Il y a dans la Bible des scènes — qui charment l'esprit des enfants.

Tous les postes — sont maintenant munis du téléphone.

181. Exercices oraux ou écrits. — A quelles remarques de grammaire historique peuvent donner lieu les phrases suivantes?

Monseigneur, laissez les choses en leur état ancien et ne faites rien de *nouvel.* (FROISSART, xiv° siècle.)

Il n'est pas sage qui n'a peur d'un *fol.* (H. ESTIENNE, xvi° siècle.)

Est bon avoir *grant* garnison de pots pleins de *mol* savon. (*Le Jouvencel,* xv° siècle.)

Vous irez à Cologne la *fort* cité garnie. (*Saxons,* xii° siècle.)

Car tant est *fort* et *cruel* sa prison. (*Couci,* xii° siècle.)

Que l'herbe . — en est ensanglantée. (*Roncevaux,* xii° siècle.)

Nature en fait issir feu qui jette *grandisme* clarté. (Brunetto Latini, xiii° siècle.)

Il arriva en son camp où fut fait *grandissime* allégresse pour sa
reconvalescence. (Carloix, xvi° siècle.)

162. Exercice. — Copier ou écrire sous la dictée les vers suivants en remplaçant chaque tiret par un adjectif qui convienne au sens et à la mesure.

La mort d'un bouvreuil

L'aube sur l'herbe — avait semé ses perles,
Et je courais les prés à la piste des merles,
Écolier en vacance, et l'air — du matin,
L'espoir de rapporter un — butin,
Le bonheur d'être loin des livres et des thèmes
Enivraient mes quinze ans tout enivrés d'eux-mêmes.

Tel j'allais par les prés. Or, un joyeux bouvreuil,
Son poitrail — au vent, son bec ouvert, et l'œil
En feu, jetait au ciel sa chanson —,
Hélas! qu'interrompit soudain l'arme brutale.
Quand le plomb l'atteignit, tout sautillant et vif,
De son gosier saignant un petit cri —
Sortit, quelque duvet vola de sa poitrine,
Puis, fermant ses yeux clairs, quittant la branche —,
Dans les joncs et les buis de son meurtre souillés,
Lui, si — de vivre, il mourut à mes pieds!

Ah! d'un — mouvement qui passe sur notre âme
Pourquoi rougir? la honte est au railleur qui blâme.
Oui, sur ce chanteur mort pour mon plaisir d'enfant,
Mon cœur, à moi chanteur, s'attendrit bien souvent.
Frère ailé, sur ton corps je versai quelques larmes;
— et m'accusant, je déposai les armes;
Ton sang n'est point perdu. Nul ne m'a vu depuis
Rougir l'herbe des blés et profaner les buis,
J'eus pitié des oiseaux, et j'ai pitié des hommes.
Pauvret, tu m'as fait — au dur siècle où nous sommes.
A. Brizeux (*Poésies*, Lemerre, édit.).

163. Exercice de mémoire. — Apprendre par cœur les vers précédents
quand on y aura rétabli les adjectifs.

SECTION II

ADJECTIFS DÉTERMINATIFS

164. Exercice. — Copier ou écrire sous la dictée le morceau suivant en écrivant tous les nombres en lettres.

Les grands ponts du monde

On vient de publier une statistique intéressante sur tous les grands ponts du monde entier.

Dernièrement, on a inauguré, en Russie, un pont colossal de 1664 mètres sur le Dniéper. Comme importance, au point de vue de la construction, ce pont est le sixième.

Le premier et le plus considérable de tous est le pont qui, à Montréal, dans le Canada, passe sur la rivière de Saint-Laurent. Ce pont relie la capitale du Canada au réseau du grand railway et surtout à l'embranchement qui mène aux États-Unis. Il est unique dans son genre; sa longueur est de 2637 mètres; les piliers, qui s'élèvent à 20 mètres au-dessus du niveau du fleuve, soutiennent un cylindre colossal en fer, dans lequel s'engouffrent les trains du chemin de fer canadien.

Le second pont selon son importance est celui de l'*East-River* qui met en communication New-York et Brooklyn. Il a une longueur de 1826 mètres.

Un des plus grands après lui est le pont de Rapperswyl. Il mesure 1600 mètres de longueur et passe sur le lac de Zurich.

Le pont du chemin de fer près Orenbourg (Russie) a un parcours de 1484 mètres. Celui de Moerdick, en Hollande, n'a que six mètres de moins que lui.

Parmi les ponts français il faut citer le pont Saint-Esprit, sur le Rhône, 728 mètres; le pont du chemin de fer sur la Garonne à Bordeaux, 501 mètres, et le pont en pierres également sur la Garonne, 407 mètres. On peut citer encore, parmi les plus importants, le pont de Beaucaire, sur le Rhône, qui mesure 438 mètres.

J. D.

165. Exercice oral. — Donner les mots de la même famille que *venir, construction.* — Donner les homonymes de *tous, mètre, point, pond.*

166. Exercice. — Copier ou écrire sous la dictée le morceau suivant en remplaçant chaque tiret par un adjectif démonstratif.

Le château d'Amboise et la Touraine

La première impression qui vous frappe quand vous approchez du château d'Amboise, c'est l'élévation prodigieuse de ses murailles, l'énormité des tours dont il est flanqué sur toutes ses faces, les cicatrices dont l'artillerie a sillonné ses flancs indestructibles, et — air hostile, hautain et dominateur dont il semble regarder toute la contrée.

— aspect guerrier, qui heureusement n'effraye plus personne, n'en fait pas moins du château d'Amboise une des plus importantes décorations de la Touraine.

Mais la supériorité d'Amboise sur les plus magnifiques châteaux de France, c'est qu'il jouit de la plus belle vue, peut-être de la seule grande vue pittoresque qui soit en Touraine. En effet, quand on a gravi péniblement la rampe escarpée et tortueuse qui conduit sous d'étroites voûtes, jusque sur la plate-forme du château, et qu'on s'est placé sur l'observatoire de la tour des Minimes, la face au midi, à — instant, on a devant soi, et tout autour de soi, un des spectacles les plus enchanteurs qui se puissent rêver dans un moment de contemplation et d'extase, au souvenir des incomparables paysages de l'Italie. A droite, en effet, on découvre la pagode de Chanteloup, bizarrement jetée dans l'épaisseur des immenses bois de Montrichard, et tout au loin, l'horizon à perte de vue. En face, à sept lieues de distance, les tours de Saint-Martin et de Saint-Gatien, se dressant au milieu de la riante capitale de la Touraine; et la Loire, qui, vue de — élévation, semble avoir changé de couleur et d'aspect, et ne montre plus, au lieu de ses eaux jaunies par la fange de ses rivages, qu'une surface argentée sur laquelle les rayons du jour étincellent. Au-dessous du spectateur, sur un premier plan chargé d'ombres, la ville, le pont de pierre construit par — Hugues d'Amboise qu'a chanté le Tasse, et la vieille geôle de la justice seigneuriale, qui, couchée sur la ville, semble la couver sous l'aile noire de son donjon; à droite de la prison, sous un bouquet de peupliers, l'île Saint-Jean, autrefois l'île d'Or, où la tradition place une célèbre conférence entre Clovis et Alaric, roi des Wisigoths. Au bout de l'horizon, de — côté, au point d'intersection d'une longue ceinture de coteaux qui couronnent la vallée, la ville de Blois dont l'altière cathédrale forme une des extrémités du tableau, tandis que l'autre est figurée par les deux clochers qui dominent la plaine fertile où Tours brille et se joue sous le soleil.

CUVILLIER-FLEURY (*Voyages et voyageurs*).

167. Exercice d'analyse. — Analyser logiquement la phrase : *Cet aspect guerrier, qui heureusement n'effraye plus personne, n'en fait pas moins du château d'Amboise une des plus importantes décorations de la Touraine.*

168. Exercice. — Copier ou écrire sous la dictée le morceau suivant en soulignant d'un trait les adjectifs possessifs.

Derniers moments de Mirabeau

Des pressentiments de mort se mêlaient à ses vastes projets, et quelquefois en arrêtaient l'essor. Cependant sa conscience était satisfaite; l'estime publique s'unissait à la sienne, et l'assurait que, s'il n'avait pas encore assez fait pour le salut de l'État, il avait du moins assez fait pour sa propre gloire. Pâle et les yeux profondément creusés, il paraissait tout changé à la tribune, et souvent il était saisi de défaillances subites. La cour était alarmée, tous les partis étonnés, et, avant sa mort, on s'en demandait la cause. Une dernière fois, il prit la parole à cinq reprises différentes, sortit épuisé et ne reparut plus. Le lit de mort le reçut et ne le rendit qu'au Panthéon. Il avait exigé de Cabanis qu'on n'appelât pas de médecins; néanmoins on lui désobéit, et ils trouvèrent la mort qui s'approchait, et qui déjà s'était emparée des pieds. La tête fut atteinte la dernière, comme si la nature eût voulu laisser briller son génie jusqu'au dernier moment. Un peuple immense se pressait autour de sa demeure, et en encombrait les issues dans le plus profond silence. La cour envoyait émissaire sur émissaire; les bulletins de sa santé se transmettaient de bouche en bouche et allaient répandre partout la douleur à chaque progrès du mal. Lui, entouré de ses amis, exprimait quelques regrets sur ses travaux interrompus, quelque orgueil sur ses travaux passés. « Soutiens, disait-il à son domestique, soutiens cette tête, la plus forte de la France. » L'empressement du peuple le toucha; la visite de Barnave, son ennemi, qui se présenta chez lui au nom des Jacobins, lui causa une douce émotion. Il donna quelques pensées à la chose publique. Il expira le 2 avril 1791.

THIERS (*Histoire de la Révolution française,* Jouvet et Cie, éditeurs).

169. Exercice oral. — Donner cinq adjectifs marquant la grandeur, comme *vaste,* — cinq marquant la *gloire,* — dix marquant l'*orgueil.*

170. Exercices oraux ou écrits. — A quelles remarques de grammaire historique peuvent donner lieu les phrases suivantes?

Il ne fut que trop manifeste que la plupart (des contribuables) payèrent le *quint,* le *quart,* le *tiers* de leurs biens par cette *dîme* seule. (SAINT-SIMON.)

Le *septisme* (commandement) dit : Ne faire larcin. (BRUNETTO LATINI, XIII° siècle.)

Être le premier de la Grèce, c'est facilement être le *prime* du monde. (MONTAIGNE, XVI° siècle.)

Et reçois *m*'âme en ta benoite (bénite) foi. (*Ménagier*, XIV° siècle.)

Dieu, en qui il mist sa fiance, le gardait toujours dès *s*'enfance. (JOINVILLE, XIII° siècle.)

Sire, que la *vostre* âme soit de Dieu couronnée. (*Berte*, XIII° siècle.)

En *cest* pays (il) nous est venu confondre. (*Chanson de Roland*, XI° siècle.)

SECTION III

ADJECTIFS INDÉFINIS

171. Exercice. — Copier ou écrire sous la dictée le morceau suivant en soulignant d'un trait les adjectifs indéfinis.

Formation des paroisses rurales au moyen âge

Sur chaque grande terre dont l'exploitation prospérait, les cabanes des hommes de travail, colons ou esclaves, groupées selon les besoins ou la convenance, croissaient en nombre, arrivaient à se peupler davantage, formaient un hameau. Quand ces hameaux se trouvèrent situés dans une position favorable près d'un cours d'eau, à quelque embranchement de routes, ils continuèrent de grandir, et devinrent des villages où tous les métiers nécessaires à la vie commune s'exerçaient sous la même dépendance.

Bientôt, la construction d'une église érigeait le village en paroisse, et, par suite, la nouvelle paroisse prenait rang parmi les circonscriptions rurales. Ceux qui l'habitaient, serfs ou demi-serfs attachés au même domaine, se voyaient liés l'un à l'autre par le voisinage et la communauté d'intérêts : de là naquirent, sous l'autorité de l'intendant unie à celle du prêtre, des ébauches toutes spontanées d'organisation municipale, où l'église reçut le dépôt des actes qui selon le droit romain s'inscrivaient sur les registres de la cité.

Alors, disparut la dernière classe de la société gallo-franque, celle des hommes possédés à titre de meubles, vendus, échangés, transportés d'un lieu à un autre comme toutes les choses mobilières.

L'esclave appartint à la terre plutôt qu'à l'homme, son service arbitraire se changea en redevances et en travaux réglés; il eut une demeure fixe et, par suite, un droit de jouissance et de produit sur le sol dont il dépendait.

AUGUSTIN THIERRY (*les Récits des temps mérovingiens*, Garnier, édit.).
(*Brevet élémentaire*, 1887.)

172. Exercice. — Donner le sens des mots *colons, esclaves, fermiers, métayers,* — le sens des mots *hameau, village, bourg.*

173. Exercices oraux ou écrits. — A quelles remarques de grammaire historique peuvent donner lieu les phrases suivantes? (Les mots à remarquer sont en *italique*.)

Les bourgeois de la ville s'en vinrent à l'une des portes et demandèrent le seigneur de Mauny, ou *'aucun* grand seigneur de l'ost (armée) à qui ils puissent parler. (FROISSART, XIVᵉ siècle.)
L'*uns* fut Basan et li *altres* Basile. (*Chanson de Roland*, XIᵉ siècle.)
La violence et la convoitise d'usurper à force l'*autrui* étaient lors louées entre les barbares. (AMYOT, XVIᵉ siècle.)
Chasque beste a sa nature. (DE BROSSES, XVIIᵉ siècle.)
Autre bataille lor livrez de *meismes*. (*Chanson de Roland*, XIᵉ siècle.)

174. Exercice. — Copier le morceau suivant en le transcrivant avec l'orthographe actuelle.

Chanson

O bien heureux qui peut passer sa vie
Entre les siens, franc de haine et d'envie,
Parmy les champs, les forests et les bois,
Loin du tumulte et du bruit populaire;
Et qui ne vend sa liberté pour plaire
Aux passions des princes et des rois!

Il n'a soucy d'une chose incertaine,
Il ne se paist d'une espérance vaine,
Nulle faveur ne le va decevant;
De cent fureurs il n'a l'ame embrasée,
Et ne maudit sa jeunesse abusée,
Quand il ne trouve à la fin que du vent.

Il ne fremist quand la mer courroucée
Enfle ses flots, contrairement poussée
Des vens esmeus soufflans horriblement :
Et quand la nuict à son aise il sommeille,
Une trompette en sursaut ne l'esveille
Pour l'envoyer du lict au monument.

L'ambition son courage n'attise,
D'un fard trompeur son ame il ne desguise,
Il ne se plaist à violer sa foy ;
Des grands seigneurs l'oreille il n'importune,
Mais en vivant content de sa fortune,
Il est sa cour, sa faveur, et son roy.

PHILIPPE DESPORTES (1546-1606).

CHAPITRE IV

DU PRONOM

SECTIONS I, II, III, IV, V

175. Exercice. — Copier ou écrire sous la dictée le morceau suivant en soulignant d'un trait les pronoms personnels. Expliquer les mots *Vercingétorix, César, Arverne, précurseur, auréole, étuve.*

Vercingétorix

Je me souviens encore de l'émotion que me causait, dès mon enfance, le récit de sa lutte contre César. Quoique le temps ait modifié mes idées sur bien des points, quoique la conquête romaine ne m'inspire plus la même indignation et que je reconnaisse tout ce que lui doit notre France moderne, j'ai conservé la même chaleur d'enthousiasme pour le héros arverne. A mes yeux, c'est en lui que se personnifie pour la première fois notre indépendance nationale, et, s'il était permis de comparer un héros païen avec une vierge chrétienne, je verrais en lui, au succès près, comme un précurseur de Jeanne d'Arc. L'auréole du martyre ne lui manque pas; six ans de captivité et la mort reçue de la main d'un esclave dans la froide étuve de la prison Mamertine valent bien le bûcher de Rouen. Assurément, comme homme de guerre, on ne saurait le mettre sur le même rang que César, mais il fut souvent bien inspiré par son ardent patriotisme; il possédait de rares facultés d'organisation et de commandement; il se montra toujours persévérant, actif, intrépide. Bien qu'il ait parfois poussé la rigueur jusqu'à des extrémités qui révoltent nos idées modernes et chrétiennes, il eut de ces mouvements généreux qui ne manquent jamais aux vrais grands hommes. Quand je le vois, malgré sa résolution bien prise, céder aux larmes et aux prières des habitants de Bourges, qui le suppliaient d'épargner leur ville, je sens qu'un cœur bat dans sa poitrine. Et quand, au dernier jour de sa puissance, il se dévoue au salut de ses compagnons, que, paré de sa plus riche armure, monté sur son plus beau cheval, il va s'offrir avec tant de fierté et de bonne grâce à un vainqueur dont il n'a pas de pitié à attendre, je salue en lui le premier des Français. Ampère (*Brevet élémentaire*, 1887).

176. Exercice. — Copier ou écrire sous la dictée le morceau suivant en soulignant d'un trait les adjectifs démonstratifs, de deux traits les pronoms démonstratifs.

Du mensonge

On fait trop souvent honte aux enfants pour des peccadilles, et on leur désapprend par l'abus la rougeur que la nature leur avait donnée pour trahir leur mensonge. Mais, si on n'a pas prodigué ce remède, il faut l'appliquer au mal pour lequel il est fait. Il ne s'agit plus, en effet, d'une étourderie à réprimer, et malavisées sont les mères qui prennent un secret plaisir aux jolies inventions de leurs chers petits menteurs.

Celui qui hait le mensonge jusqu'à en haïr l'ombre; celui qui ne s'en fait pas accroire et qui n'en fait pas accroire aux autres, qui tient ses promesses, même celles qu'il s'est faites à lui-même; celui dont les paroles répondent à la pensée, et les actes aux paroles; celui dont la conduite à venir peut se lire dans la conduite passée; celui dont la vie, harmonieuse unité, se rattache à un principe et se résume en une maxime; celui-là est un caractère. Celui-là, et celui-là seul, est un être vraiment sociable, car la solidité des caractères fait seule la solidité des relations. Mais quelle confiance peut-on avoir dans une volonté au jour le jour, et quand on ne sait pas si demain sera d'accord avec aujourd'hui? On a affaire, dès lors, comme à plusieurs êtres se succédant en un seul et dont rien ne garantit la solidarité. La vie est ainsi morcelée et les amitiés dissoutes avant de naître. Cette absence de caractère fait d'un homme un objet de défiance non seulement pour les autres, mais pour lui-même. Il ne sait jamais ce qu'il fera le lendemain; il en vient à douter de sa liberté, qu'il a abdiquée; il s'abandonne, il cesse de s'appartenir, et, avec la possession de soi-même, disparaît en lui jusqu'à la possibilité de la vertu.

(*Brevet élémentaire*, 1887.)

177. Exercice oral. — Employer dans de petites phrases au propre et au figuré les mots *remède, ombre, conduite.*

178. Exercice. — Copier ou écrire sous la dictée le morceau suivant en soulignant d'un trait les pronoms relatifs.

Les livres

Je suis de ceux pour qui la connaissance d'un livre peut devenir un véritable événement. Le peu de bons ouvrages dont je me suis pénétrée depuis que j'existe, a développé le peu de bonnes qualités que j'ai. Un livre a toujours été pour moi un ami, un conseil, un consolateur éloquent et calme, dont je ne voulais pas épuiser vite les ressources, et que je gardais pour les occasions favorables. Ah! quel est celui de nous qui ne se rappelle avec amour les premiers ouvrages qu'il a dévorés ou savourés! La couverture d'un bouquin poudreux que vous retrouvez oublié sur les rayons d'une armoire, ne vous a-t-elle jamais retracé les gracieux tableaux de vos jeunes années? N'avez-vous pas cru voir surgir devant vous la grande prairie baignée des rouges clartés du soir, lorsque vous le lûtes pour la première fois; le vieil ormeau et la haie qui vous abritèrent et le fossé dont le revers vous servit de lit de repos et de table de travail, tandis que la grive chantait la retraite à ses compagnes et que le pipeau du vacher se perdait dans l'éloignement? Oh! que la nuit tombait vite sur ces pages divines! que le crépuscule faisait cruellement flotter les caractères sur la feuille pâlissante. G. SAND (*Brevet élémentaire*, 1887).

179. Exercice oral. — Donner des mots de la même famille que *ouvrage*, *armoire*, *croire*. — Donner les homonymes des mots *suis*, *peut*, *bon*, et les faire entrer dans une courte phrase.

180. Exercice. — Écrire sous la dictée le morceau suivant en soulignant d'un trait les adjectifs indéfinis, de deux traits les pronoms indéfinis.

Migration des oiseaux

Les oiseaux de passage ont tous leur temps marqué, et ils ne le passent point; mais ce temps n'est pas le même pour chaque espèce : les uns attendent l'hiver, les autres le printemps, d'autres l'été et d'autres l'automne. Il y a dans chaque peuple une police publique et générale, qui règle et qui tient dans le devoir tous les particuliers. Avant l'édit général, aucun ne pense à partir; depuis sa publication, aucun ne demeure.

Une espèce de conseil décide du jour, et il accorde un intervalle pour s'y préparer, après quoi tout déloge, et il ne paraît le lendemain ni traîneurs, ni déserteurs, tant la discipline est exacte! Plusieurs ne connaissent que l'hirondelle qui fasse ainsi; mais la chose est certaine pour beaucoup d'autres espèces. Et je demande, quand nous n'aurions que l'exemple de l'hirondelle, quelle nouvelle elle a reçue des pays où elle va en grande troupe pour s'assurer qu'elle y trouvera toutes choses préparées. Je demande pourquoi elle ne s'attache pas comme les autres oiseaux au pays où elle a élevé sa famille qui y a été si bien traitée. Je demande par quel esprit de voyager cette nouvelle famille, qui ne connaît que son pays natal, conspire tout entière à le quitter. Je demande en quel langage se publie l'ordonnance qui défend à tous, soit anciens, soit nouveaux sujets de la république, de demeurer par delà un certain nombre de jours. Enfin, je demande à quels signes les principaux magistrats connaissent que ce serait tout risquer que de s'exposer à être prévenus par une saison rigoureuse. Quelle autre réponse peut-on faire à ces demandes que celle du prophète : Que vos ouvrages, Seigneur, ѕont grands et merveilleux! vous les avez formés avec sagesse?

Rollin.

181. Exercice oral. — Donner les nuances de sens qui distinguent *foule, multitude, presse, concours, affluence, troupe, troupeau.*

182. Exercice d'analyse. — Analyser logiquement et de vive voix la phrase : *Les oiseaux de passage ont tous leur temps marqué, et ils ne le passent point.*

183. Exercices oraux ou écrits. — A quelles remarques de grammaire historique peuvent donner lieu les phrases suivantes?

Si salvarai *eo* cest meon fradre Karlo. (*Serments de Strasbourg,* ix° siècle.)

Il attendirent jusqu'au quart jour et *il* revindrent au palais. (Villehardouin, xiii° siècle.)

Il y avait pour drap de pied un tapis velu…, et dessus un escabeau…, et sur *icelui* un bassin vermeil doré. (Malherbe, xvi° siècle.)

Ayant pris la ville de Regge et en *icelle* le capitaine Phyton. (Montaigne, xvi° siècle.)

Au travers d'un *mien* pré certain ânon passa. (Racine.)

Ses intérêts sont-ils plus sacrés que les *nostres.* (Id.)

Et n'as-tu pas ton franc arbitre.

Pour sortir d'*ond* tu es entré? (Marot, xvi° siècle.)

Là le repait l'*hom* des reliefs de la table. (*Saint Alexis,* xii° siècle.)

Quand *toute riens* à sa douce nature vient et retrait. (xii° siècle.)

Quand on est bien qu'a *l'on* besoin d'amis? (Amyot, xvi° siècle.)

Si tu creins Dieu, si te creindront toutes *les riens* qui te verront. (Joinville, xiii° siècle.)

184. Exercice. — Mettre en prose les vers suivants. — Apprendre par cœur le même morceau.

Merveilleuse légende des Fées de Berneuf

Voici de ça longtemps. Alors les pauvres femmes
N'usaient point à filer leurs corps avec leurs âmes,
Car dans leurs beaux palais de jaspe et de corail
Des Esprits bienfaisants seuls faisaient ce travail.
Ces Esprits, les Bretons les appelaient des fées.
Or ces dames, de gaze et de soie attifées,
Depuis bien des mille ans au doux pays d'Arvor
Vivaient, et leurs fuseaux on peut les voir encor :
Enfants (retenez bien), ce sont les grandes pierres
Qui se tiennent debout au milieu des bruyères.
Ces grès, dont nul savant ne sait dire le poids,
Pesaient moins qu'un fétu pour leurs agiles doigts.
Aussi leur tâche était bien vite terminée :
A nos travaux d'un an suffisait leur journée.
Pourquoi ces bons Esprits ont-ils quitté nos champs?
Mes amis, ce secret est celui des méchants.
Mais c'était à Berneuf, sur le bord de la grève,
Dans leur grotte d'azur, comme on n'en voit qu'en rêve,
Pleine de sable d'or, pleine de larges fleurs
D'où sortaient à la fois des parfums, des couleurs;
C'était dans ces rochers que se plaisaient ces reines
Dont les chants répondaient aux chansons des sirènes.
Secourables au faible, appui de l'indigent,
Elles aidaient celui qui perdait son argent.
Dans leur grotte on faisait la nuit quelque prière;
Le lendemain l'argent brillait sur une pierre!...
Mais, fileuses! c'est nous, nous que leur amitié
Entre les malheureux semblait prendre en pitié.
Peu nous gagnait leur cœur : quelques simples offrandes
De beurre et de pain frais, dont elles sont friandes.
Le soir vous alliez donc, portant un panier plein
De leurs mets favoris, puis de chanvre et de lin,
Et quand vous reveniez le matin, de bonne heure,
Il ne restait plus rien du pain frais et du beurre,
Mais le chanvre et le lin, le tout était filé,
Et de cent écheveaux notre panier comblé.

BRIZEUX (les Bretons, Lemerre, édit.).

CHAPITRE V

DU VERBE

SECTIONS I, II, III, IV, V, VI, VII, VIII, IX, X

185. Exercice. — Copier ou écrire sous la dictée les vers suivants en remplaçant chaque tiret par un verbe qui puisse convenir au sens et à la mesure.

Clair de lune

La mer est grise, calme, immense,
L'œil vainement en — le tour.
Rien ne finit, rien ne — :
Ce n'est ni la nuit, ni le jour.

Point de lame à frange d'écume,
Point d'étoiles au fond de l'air.
Rien ne s'éteint, rien ne — :
L'espace n'est ni noir ni clair.

Albatros, pétrels aux cris rudes,
Marsouins, souffleurs, tout — .
Sur les tranquilles solitudes
— un vague et profond ennui.

Nulle rumeur, pas une haleine,
La lourde coque au lent roulis
Hors de l'eau terne — à peine
Le cuivre de ses flancs polis.

Mais, vers l'est, une lueur blanche,
Comme une cendre au vol léger
Qui par nappes fines — ,
De l'horizon semble — .

Elle nage, pleut, se — ,
S'épanouit de toute part,
Tourbillonne, retombe et —
Son diaphane et doux brouillard.

Un feu pâle luit et — ,
La mer frémit, s'ouvre un moment,
Et dans le ciel couleur de perle,
La lune — lentement.

LECONTE DE LISLE (*Poèmes barbares*, Lemerre, édit.).

186. Exercice. — Mettre en prose les vers précédents (*Clair de lune*). — Apprendre par cœur les vers ci-dessus.

187. Exercice. — Copier ou écrire sous la dictée les phrases suivantes en remplaçant chaque tiret par un sujet qui puisse convenir à la phrase.

Le — mange les souris et surtout le poisson.

Un — aime ses enfants et ne voit guère leurs défauts.

« Il est bien court », disait à sa mère un jeune — en lui montrant son glaive. « Fais un pas de plus », répondit l'héroïque — .

— fit commencer la construction de Notre-Dame.

C'est en mars que les — et les — commencent à fleurir.

— fut gouvernée par des rois pendant trois siècles.

Les — doivent, avant tout, savoir coudre et faire le ménage ; leurs — doivent les y dresser dès leurs jeunes années.

— pousse dans les pays très chauds et dans des terrains rocheux.

— a été fondée par les Phocéens non loin de l'embouchure du Rhône.

— écrivit au duc d'Aquitaine : « Qui t'a fait duc ? » L'orgueilleux Vaïfre lui répondit : « Qui t'a fait roi ? »

— fut sacré empereur d'Occident à Rome en l'an 800.

On a dit et répété qu'— avait écrit l'Iliade et l'Odyssée, et l'on se demande aujourd'hui s'il a jamais existé.

« L'État, c'est moi ! » disait — .

Pleine d'horreur pour Clotaire Ier, le meurtrier de toute sa famille, — s'enfuit et fonda un monastère de femmes à Poitiers, dont elle est devenue la patronne.

Le roi — , fait prisonnier à la bataille de Pavie (1525), écrivait à sa mère : « Tout est perdu fors l'honneur ».

— se vantait d'être le fléau de Dieu et de ne pas laisser pierre sur pierre là où son cheval avait passé.

— voulait que chaque laboureur pût mettre la poule au pot le dimanche.

Le — est une espèce de lézard qui peut changer de couleurs selon les sensations qu'il éprouve.

La — atteignit chez les Grecs le plus haut degré de perfection.

Le — de Suez fut livré à la circulation des vaisseaux en 1869.

Le — nourrit un grand nombre de peuples en Asie et en Océanie.

188. Exercice. — Copier ou écrire sous la dictée les phrases suivantes en remplaçant chaque tiret par un verbe qui puisse convenir à la phrase.

Louis XIV a fait — l'Hôtel des Invalides, le Val-de-Grâce, les palais de Versailles, de Trianon, de Marly, la colonnade du Louvre.

Vauban a pris Mons, Namur, Steinkerque et une foule d'autres villes. Il — Maubeuge, Longwy, Sarrelouis, Thionville, etc., et — quelques écrits sur l'attaque et la défense des places.

Saint Remi, en — Clovis, lui dit : « Baisse la tête, fier Sicambre ; — ce que tu as brûlé, — ce que tu as adoré ».

Richelieu — le parti protestant, — l'orgueil des grands, — la maison d'Autriche et — la France puissante et prospère.

L'égoïste, qui ne parle que de soi, a bientôt — l'attention de ses auditeurs.

Le jour de son mariage avec Louis XV, Marie Leczinska — toute sa corbeille aux dames du palais : « Voilà, dit-elle, la première fois de ma vie que j'ai pu — des présents. »

« Puisqu'il faut — la guerre, disait Louis XIV, j'aime mieux la faire à mes ennemis qu'à mes enfants. »

Le roi Robert — plusieurs hymnes religieuses que l'on — encore dans les églises.

Napoléon disait en Égypte à ses soldats : « Du haut de ces pyramides quarante siècles vous — ».

A Waterloo, Cambronne s'écria, dit-on : « La garde — et ne se rend pas ».

Un misérable, François Damiens, qui — aux jours de Louis XV, — vif.

« Il faut, écrivait Colbert à Louis XIV, — cinq sols aux choses non nécessaires et — les millions quand il s'agit de votre gloire. »

Le chancelier de l'Hôpital — de honte et de douleur six mois après la Saint-Barthélemy. Il — en répétant : « — à jamais le souvenir de ce jour exécrable ! »

Henri IV — assassiné par Ravaillac au moment où il se — chez Sully à l'Arsenal.

189. Exercice. — Copier ou écrire sous la dictée les phrases suivantes en remplaçant chaque tiret par un complément direct qui puisse convenir au verbe et au sujet.

Alexandre, roi de Macédoine, tua — dans un festin.

La hache du bûcheron a abattu ces beaux — qui avaient vu jouer à leurs pieds tant de générations.

La Seine et la Loire sont les seuls fleuves qui arrosent uniquement notre — .

Les druides cueillaient le — sacré avec une faucille d'or.

Bayard défendit seul le — du Garigliano contre de nombreux Espagnols.

La fauvette des roseaux est ainsi appelée parce qu'elle enlace son — autour de trois ou quatre roseaux.

Cincinnatus conduisait sa — lorsqu'on vint lui offrir la dictature.

Les jeunes Spartiates se levaient toujours devant un vieillard et lui offraient leur — .

Aimez la — plus que les éloges.

Rien ne lassait la — de Socrate.

On croit que les Chinois ont inventé la — .

Le pharaon Néchao fit faire à ses vaisseaux le — de l'Afrique.

Quelle — ont les Français de dire toujours du mal d'eux-mêmes!

On commence les — vers juillet et les — vers octobre.

Charlemagne aimait à visiter les — qu'il avait fondées; il interrogeait lui-même les — et les blâmait ou les récompensait selon leurs réponses.

Bossuet a prononcé l' — du prince de Condé.

La Méditerranée baigne le — de la France.

Gutenberg inventa l' — à Strasbourg en 1436.

Christophe Colomb découvrit l' — en cherchant à aller aux Indes et en Chine par l'ouest (1492).

190. Exercice. — Copier ou écrire sous la dictée les phrases suivantes en remplaçant chaque tiret par un complément indirect qui puisse convenir au verbe et au sujet.

Nous avons en — le plus haut sommet de la chaîne des Alpes : le mont Blanc.

Le lac de Thun offre au — un coup d'œil grandiose sur les Alpes bernoises.

C'est pour — que Saint-Simon inventa le mot de patriote.

Un secrétaire du roi d'Angleterre disait en parlant de — : « Nous sommes perdus : nous avons brûlé une sainte ».

La première croisade fut prêchée par — .

La ville d'Alésia fut vaillamment défendue par — .

Sur les bords de la Méditerranée on pêche les thons avec de grands — appelés madragues.

Louis XIV monta sur le — en 1643.

Montesquieu dit avec raison que l'étude seule peut consoler de grands — .

La terre tourne autour du — .

Le chamois échappe au — par la — et la — de sa course.

François Ier fut armé chevalier par — sur le champ de bataille de Marignan (1515).

La digue que Richelieu a jetée devant la — subsiste encore et gêne beaucoup les mouvements du port.

Les tragédies de Racine, — et —, ont été faites pour les — de Saint-Cyr.

Le ministre Calonne disait à la — Marie-Antoinette, qui lui demandait une faveur : « Si c'est possible, c'est fait; si cela n'est pas possible, cela se fera ».

191. Exercice. — Copier ou écrire sous la dictée le morceau suivant en soulignant d'un trait le mode impératif, de deux traits le mode indicatif.

Conseils d'une mère à son fils

Travaille, sois fort, sois fier, sois indépendant, méprise les petites vexations attribuées à ton âge. Réserve ta force de résistance pour des actes et contre des faits qui en vaudront la peine. Ces temps viendront. Si je ne suis plus, pense à moi, qui ai souffert et travaillé gaiement. Nous nous ressemblons d'âme et de visage. Je sais dès aujourd'hui quelle sera ta vie intellectuelle. Je crains pour toi bien des douleurs profondes, j'espère pour toi des joies bien pures. Garde en toi le trésor de la bonté. Sache donner sans hésitation, perdre sans regret, acquérir sans lâcheté. Sache mettre dans ton cœur le bonheur de ceux que tu aimes à la place de celui qui te manquera. Aime l'espérance d'une autre vie, c'est là que les mères retrouveront leurs fils. Aime toutes les créatures de Dieu ; pardonne à celles qui sont disgraciées, résiste à celles qui sont iniques, dévoue-toi à celles qui sont grandes par la vertu.

GEORGE SAND (*Œuvres complètes*, Calmann Lévy, édit.).

192. Exercice oral. — Donner dix noms de qualités, — dix noms de défauts opposés.

193. Exercice. — Copier ou écrire sous la dictée le morceau suivant en soulignant d'un trait le mode infinitif, de deux traits le mode subjonctif.

Franklin.

Peu de carrières ont été aussi pleinement, aussi vertueusement, aussi glorieusement remplies que celle de ce fils d'un teinturier de Boston, qui commença par couler du suif dans des moules de chandelles, se fit ensuite imprimeur, rédigea les premiers journaux américains, fonda les premières manufactures de papier dans ces colonies dont il accrut la civilisation matérielle et les lumières; découvrit l'identité du fluide électrique et de la foudre, devint membre de l'Académie des sciences de Paris et de presque tous les corps savants de l'Europe; fut auprès de la métropole le courageux agent des colonies soumises, auprès de la France et de l'Espagne le négociateur heureux des colonies insurgées, et se plaça à côté de George Washington comme fondateur de leur indépendance; enfin, après avoir fait le bien pendant quatre-vingt-quatre ans, mourut environné des respects des deux mondes comme un sage qui avait étendu la connaissance des lois de l'univers, comme un grand homme qui avait contribué à l'affranchissement et à la prospérité de sa patrie, et mérita non seulement que l'Amérique tout entière portât son deuil, mais que l'Assemblée constituante de France s'y associât par un décret public.

Sans doute il ne sera pas facile, à ceux qui connaîtront le mieux Franklin, de l'égaler. Le génie ne s'imite pas; il faut avoir reçu de la nature les plus beaux dons de l'esprit et les plus fortes qualités du caractère pour diriger ses semblables, et influer aussi considérablement sur les destinées de son pays. Mais, si Franklin a été un homme de génie, il a été aussi un homme de bon sens; s'il a été un homme vertueux, il a été aussi un homme honnête; s'il a été un homme d'État glorieux, il a été aussi un citoyen dévoué.

Honorons les hommes supérieurs, et proposons-les en imitation; car c'est en préparer de semblables, et jamais le monde n'en a eu un besoin plus grand.   MIGNET (*Vie de Franklin*).
(*Brevet élémentaire*, 1887.)

194. Exercice oral. — 1° Donner les verbes dérivés de *moule, manufacture, colonie, foudre, grand, décret, facile, caractère.* — 2° Donner les verbes d'où dérivent *imprimeur, civilisation, négociateur, fondateur, indépendance, connaissance, affranchissement, imitation.*

195. Exercice. — Copier ou écrire sous la dictée le morceau suivant en soulignant d'un trait les verbes actifs.

Les montagnes de la Suisse

Tantôt d'immenses rochers pendaient en ruines au-dessus de ma tête; tantôt de hautes et bruyantes cascades m'inondaient de leurs épais brouillards; tantôt un torrent éternel ouvrait à mes côtés un abîme dont les yeux n'osaient sonder la profondeur. Quelquefois je me perdais dans l'obscurité d'un bois touffu; quelquefois, en sortant d'un gouffre, une agréable prairie réjouissait tout à coup mes regards. Un mélange étonnant de la nature sauvage et de la nature cultivée montrait partout la main des hommes, où l'on eût cru qu'ils n'avaient jamais pénétré : à côté d'une caverne, on trouvait des maisons, on voyait des pampres secs où l'on n'eût cherché que des ronces; des vignes dans des terres éboulées, d'excellents fruits sur des rochers, et des champs dans des précipices.

Ce n'était pas seulement le travail des hommes qui rendait ces pays étranges si bizarrement contrastés : la nature semblait encore prendre plaisir à s'y mettre en opposition avec elle-même, tant on la trouvait différente en un même lieu, sous divers aspects! Au levant, les fleurs du printemps; au midi, les fruits de l'automne; au nord, les glaces de l'hiver : elle réunissait toutes les saisons dans le même instant, tous les climats dans le même lieu, des terrains contraires sur le même sol, et formait l'accord inconnu partout ailleurs des productions des plaines et de celles des Alpes.

J.-J. Rousseau.

196. Exercice oral. — Donner vingt verbes qui marquent une idée opposée aux verbes suivants, comme : abaisser, *élever*.

accorder,	clouer,	apaiser,	descendre,
accueillir,	savoir,	approuver,	enrichir,
acquérir,	éteindre,	ranger,	maudire,
affermir,	nettoyer,	augmenter,	commencer,
affirmer,	presser,	bâtir,	récompenser.

197. Exercice. — Copier ou écrire sous la dictée le morceau suivant en soulignant d'un trait les verbes passifs.

La fédération

Le quatorze arrive enfin : tous les fédérés députés des provinces et de l'armée, rangés sous leurs bannières, partent de la place de la Bastille et se rendent aux Tuileries.

Les députés du Béarn, en passant dans la rue de la Ferronnerie, où avait été assassiné Henri IV, lui rendent un hommage, qui, dans cet état d'émotion, se manifeste par des larmes. Les fédérés, arrivés au jardin des Tuileries, reçoivent dans leurs rangs la municipalité et l'Assemblée. Un bataillon de jeunes enfants, armés comme leurs pères, devançait l'Assemblée; un groupe de vieillards la suivait et rappelait ainsi les antiques souvenirs de Sparte.

Le cortège s'avance au milieu des cris et des applaudissements du peuple. Les quais étaient couverts de spectateurs, les maisons en étaient chargées. Un pont, jeté en quelques jours sur la Seine, conduisait, par un chemin jonché de fleurs, d'une rive à l'autre, et aboutissait en face du champ de la fédération. Le cortège le traverse, et chacun prend place.

Un amphithéâtre magnifique, disposé dans le fond, était destiné aux autorités nationales. Le roi et le président étaient assis à côté l'un de l'autre sur des sièges pareils, semés de fleurs de lis d'or. Un balcon élevé derrière le roi portait la reine et la cour. Les ministres étaient à quelque distance du roi, et les députés rangés des deux côtés. Quatre cent mille spectateurs remplissaient les amphithéâtres latéraux; soixante mille fédérés armés faisaient leurs évolutions dans le champ intermédiaire, et au centre s'élevait, sur une base de vingt-cinq pieds, le magnifique autel de la Patrie. Trois cents prêtres, revêtus d'aubes blanches et d'écharpes tricolores, en couvraient les marches, et devaient servir la messe.

THIERS (*Révolution française*, Jouvet et Cⁱᵉ, édit.).

(*Brevet élémentaire*, 1887.)

198. **Exercice écrit.** — Donner les mots de la même famille que *armée, partir, avancer.*—Donner les homonymes de *rang, par, pont* et les faire entrer dans une courte phrase.

199. **Exercice.** — Copier ou écrire sous la dictée le morceau suivant en soulignant d'un trait les verbes neutres.

L'hiver en Scandinavie

Ceux qui n'ont pas vécu dans les pays du Nord ne savent pas quelle vie nouvelle leur apporte chaque hiver. Pendant de longues semaines, la neige tombe en flocons drus et serrés, ou plutôt elle est si abondante et si compacte, que l'on ne sent vraiment pas si elle tombe. On marche au sein d'un nuage de duvet froid; vous êtes enveloppé dans un tourbillon blanc; à chaque pas que vous faites, il semble se resserrer autour de vous et vous enlacer dans des entraves cotonneuses et glacées. Le sol, sous vos pieds, c'est la neige, toujours la neige. Il n'y a plus au monde qu'un élément, la neige! C'est alors vraiment qu'il faut plaindre le voyageur. L'instinct le conduit bien plus que la raison; il marche au hasard, à demi aveuglé; ses chevaux, baissant tristement la tête et ne pouvant plus retrouver la piste accoutumée, vont comme on les pousse, sans savoir où. Si vous vous arrêtez, si vous détournez les yeux, si vous vous accordez une distraction d'un instant, vous ne retrouvez plus votre route incertaine. Vous êtes perdu! L'oreille, qui cherche en vain à saisir une vibration dans l'air muet, s'effraye de ce calme lugubre, image de la mort. La neige tombe sans bruit, et le pas mat s'amortit dans la ouate molle : seulement, de temps en temps, un corbeau secoue dans l'espace blanc ses ailes sombres et pesantes, et mesure par un croassement lugubre les intervalles de ce silence plein d'angoisse.   LOUIS ENAULT (*la Norvège*, Hachette et Cie, édit.).

200. Exercice écrit. — Employer dans de petites phrases au sens propre et au sens figuré les verbes : *vivre, apporter, tomber, marcher.*

201. Exercice. — Copier ou écrire sous la dictée le morceau suivant en soulignant d'un trait les verbes réfléchis. — Expliquer les mots *Syrie, Orient, Euphrate, chacal, crépuscule, recueillement.*

Paysage d'Orient

Le soleil venait de se coucher, un bandeau rougeâtre marquait encore sa trace à l'horizon lointain des monts de la Syrie, la pleine lune à l'orient s'élevait sur un fond bleuâtre, aux planes rives de l'Euphrate; le ciel était pur, l'air calme et serein; l'éclat mourant du jour tempérait l'horreur des ténèbres, la fraîcheur de la nuit calmait les feux de la terre embrasée; les pâtres avaient retiré leurs chameaux; l'œil n'apercevait plus aucun mouvement sur la prairie monotone et grisâtre; un vaste silence régnait sur le désert; seulement, à de longs intervalles, on entendait les lugubres cris de quelques oiseaux de nuit et de quelques chacals. L'ombre croissait, et déjà dans le crépuscule mes regards ne distinguaient plus que les fantômes blanchâtres des colonnes et des murs. Ces lieux solitaires, cette soirée paisible, cette scène majestueuse, imprimèrent à mon esprit un recueillement religieux. L'aspect d'une grande cité déserte, la mémoire des temps passés, la comparaison de l'état présent, tout éleva mon cœur à de hautes pensées. Je m'assis sur le tronc d'une colonne, et, là, le coude appuyé sur le genou, la tête soutenue par la main, tantôt portant mes regards sur le désert, tantôt les fixant sur les ruines, je m'abandonnai à une rêverie profonde.

VOLNEY (*les Ruines*). (*Brevet élémentaire*, 1887.)

202. Exercice. — Copier ou écrire sous la dictée le morceau suivant en soulignant les verbes impersonnels.

Le vaillant capitaine

Rome était prise par Totila. Un capitaine, à la tête d'un petit nombre d'hommes, s'était échappé de la ville et retranché sur une éminence où l'ennemi l'enveloppait. On ne doutait pas que la faim ne l'obligeât de se rendre; en effet, il manquait de tout. Réduit à cette extrémité, il s'adresse à ses troupes : « Mes amis, leur dit-il, il faut mourir, ou être esclaves. Vous n'hésitez pas, sans doute; mais ce n'est pas tout de mourir, il faut mourir en braves gens. Il n'appartient qu'à des lâches de se laisser consumer par la faim, et de sécher en attendant une mort douloureuse et lente. Nous qui, élevés dans les combats, savons nous servir de nos armes, cherchons un trépas glorieux : mourons, mais non pas sans vengeance; mourons couverts du sang de nos ennemis. Que nous servirait de nous déshonorer pour vivre encore quelques années, puisque aussi bien dans peu il nous faudrait mourir? » Les soldats sont résolus à le suivre. Ils marchent : l'ennemi juge à leur contenance qu'ils viennent l'attaquer avec le courage du désespoir, et, sans les attendre, il leur fait offrir le salut et la liberté. MARMONTEL.

203. Exercice d'analyse. — Analyser logiquement la phrase : *On ne doufait pas que la faim ne l'obligeât de se rendre; en effet, il manquait de tout.*

204. Exercices oraux ou écrits. — A quelles remarques de grammaire historique peuvent donner lieu les phrases suivantes?

La mère en commence de la joie à *plourer* (*Berte*, XIII° siècle.)

Je ne me cache pas. Mais à ce que je *voi*
Chacun n'est pas ici criminel comme moi. (RACINE.)

Ils n'en *preuvent* rien par la parole de Dieu. (CALVIN, XVI° siècle.)

Pour un plus grand effet prends un cœur plus hardi,
Et sans me répliquer, fais ce que je te *di*. (CORNEILLE.)

Ce que ils ne peuvent manger jettent en un sac de cuir, et quand ils ont faim, *œuvrent* le sac. (JOINVILLE, XIII° siècle.)

Qui mieux abreuve (ses témoins), mieux *preuve*. (LOYSEL, xvi° siècle.)

Je vous donne un conseil qu'à peine je *reçoi*;
Du coup qui vous attend vous mourrez moins que moi. (RACINE.)
Votre exemple est ma loi, vous vivez et je *vi*;
Et si vous fussiez mort, je vous aurais suivi. (CORNEILLE.)

205. Même exercice.

Li douze pair, que Charles *aimet* tant. (*Chanson de Roland,*
xi° siècle.)
Que ce nouvel honneur va *croître*.son audace.   (RACINE.)
Le roi *se délibéra* de se venir mettre dans Paris. (COMMINES, xv° siècle.)
Je ne lui *cachois* point combien j'*étois* blessée. (CORNEILLE.)
Les geais *paissent* la terre.   (RACINE.)
Il *prétend* de grandes sommes de M. l'Électeur palatin pour cette
administration. (ID.)
Nous nous amusons trop, il est temps d'*évader*. (CORNEILLE.)

Ma colère revient et je me *reconnois*,
Immolons en partant trois ingrats à la fois. (RACINE.)
Tenez, voilà le cas qu'on fait de votre exploit.
— Comment! c'est un exploit que ma fille *lisoit*.   (RACINE.)

D'un crêpe noir Hécube embéguinée
Lamente , pleure et grimace toujours. (ID.)

206. Exercice écrit. — Copier le morceau suivant en le transcrivant avec
l'orthographe actuelle.

Du langage des signes

Il nous faut remarquer la parité qui est entre les bestes et nous.
Nous avons quelque moyenne intelligence de leurs sens : aussi ont
les bestes des nostres, environ à mesme mesure. Elles nous flattent,
nous menassent et nous requierent : et nous elles. Au demeurant
nous decouvrons bien evidemment qu'entre elles il y a une pleine
et entiere communication, et qu'elles s'entr'entendent, non seulement celles de mesme espece, mais aussi d'especes diverses. En
certain abboyer du chien le cheval cognoist qu'il y a de la colère :
mesmes de certaine autre sienne voix, il ne s'effraye point. Aux
bestes qui n'ont pas de voix, par la société d'offices que nous

voyons entre elles, nous argumentons aysément quelque autre moyen de communication, leurs mouvements discourent et traictent.

Pourquoy non tout aussi bien que nos muets disputent, argumentent, et content des histoires par signes? J'en ay veu de si souples et formez à cela, qu'à la vérité, il ne leur manquoit rien à la perfection de se sçavoir faire entendre. Les amoureux se courroussent, se reconcilient, se prient, se remercient, s'assignent, et disent enfin toutes choses des yeux.

Quoy des mains? nous requerons, nous promettons, appellons, congedions, menaçons, prions, supplions, nions, refusons, interrogeons, admirons, nombrons, confessons, repentons, craignons, vergoignons, doubtons, instruisons, commandons, incitons, encourageons, jurons, tesmoignons, accusons, condamnons, absolvons, injurions, mesprisons, deffions, despittons, flattons, applaudissons, benissons, humilions, moquons, reconcilions, recommandons. exaltons, festoyons, rejouïssons, complaignons, attristons, desconfortons, desesperons, estonnons, escrions, taisons, et quoy non? d'une variation et multiplication à l'envy de la langue. De la teste nous convions, renvoyons, advouons, desadvouons, desmentons, bienveignons, honorons, venerons, desdaignons, demandons, escouduisons, egayons, lamentons, caressons, tansons, soubsmettons, bravons, exhortons, menaçons, asseurons, enquerons. Quoy des sourcils? Quoy des espaules? Il n'est mouvement qui ne parle, et un langage intelligible sans discipline, et un langage public: Qui fait, voyant la variété et usage distingué des autres, que cettuy-ci doibt plustost estre jugé le propre de l'humaine nature. Je laisse à part ce que particulièrement la necessité en apprend soudain à ceux qui en ont besoing : et les alphabets des doigts, et grammaires en gestes : et les sciences qui ne s'exercent et ne s'expriment que par iceux : et les nations que Pline dit n'avoir point d'autre langue. Un ambassadeur de la ville d'Abdere, après avoir longuement parlé au roy Agis de Sparte, lui demanda : « Et bien, sire, quelle response veux-tu que je rapporte à nos citoyens? — *Que je t'ay laissé dire tout ce que tu as voulu, et tant que tu as voulu, sans jamais dire mot.* » Voilà pas un taire parlier et bien intelligible?

MONTAIGNE (1533-1592).

SECTION XI

VERBES IRRÉGULIERS ET VERBES DÉFECTIFS

207. Exercice oral ou écrit. — Lire ou copier les phrases suivantes en mettant les verbes au temps indiqué.

Le soleil et les planètes *occupent* la partie des cieux que nous *appeler* (*ind. prés.*) notre univers.

Le temps *déceler* (*ind. prés.*) les crimes les plus cachés.

Charles VIII *projeter* (*ind. imparf.*) de grandes conquêtes en Italie.

L'homme par ses désirs *empiéter* (*ind. prés.*) toujours sur l'avenir.

L'aumône qu'on *jeter* (*ind. prés.*) ne plait pas au Seigneur.

Un peu d'illusion *compléter* (*ind. prés.*) le bonheur.

N'*atteler* (*impératif*) pas tous les bœufs à la même charrue.

Que d'hommes, comme les plantes, *végéter* (*ind. prés.*) et *ont végéter* (*part. passé*) sur cette terre.

L'ivresse *révéler* (*ind. prés.*) parfois les secrets des criminels.

Le vieillard *amonceler* (*ind. prés.*) des provisions pour l'avenir, auquel il ne doit plus songer.

La puissance de Carthage *inquiéter* (*parf. défini*) longtemps la jalousie du peuple romain.

Six chevaux blancs étaient *atteler* (*part. passé*) au char du triomphateur.

Un esclave *révéler* (*parf. défini*) les projets des Tarquins.

Tous les discours que *prononcer* (*parf. défini*) Démosthène sont des chefs-d'œuvre.

Nous *juger* (*ind. prés.*) sévèrement les autres, qui à leur tour nous ménagent peu.

Alexandre *assiéger* (*parf. défini*) Tyr et la *saccager* (*parf. défini*).

Il faut que vous *suppléer* (*subj. prés.*) à votre manque de mémoire par un travail opiniâtre.

Les anciens Germains *plonger* (*ind. imparf.*) dans l'eau froide les enfants nouveau-nés.

Les sauterelles *ravager* (*ind. imparf.*) l'Algérie et *menacer* (*ind. imparf.*) notre colonie d'une ruine complète.

Je vous *répéter* (*futur simple*) toujours que celui qui *semer* (*ind. prés.*) le vent récolte la tempête.

Les anciens *lancer* (*ind. imparf.*) avec la main un trait qu'on *appeler* (*ind. imparf.*) javelot.

Une sorte de bourre cotonneuse *protéger* (*ind. prés.*) les plantes qui naissent à une grande altitude.

208. Exercice oral ou écrit. — Lire ou copier les phrases suivantes en mettant les verbes au temps indiqué.

Il faut souffrir les maux que Dieu nous *envoyer* (*ind. prés.*)

Aller (*impérat.*), cours, vole et reviens.

Les seigneurs au moyen âge *guerroyer* (*ind. imparf.*) entre eux sans souci de l'autorité royale.

Envoyer (*impératif*) au secours de ceux qui souffrent ou *aller* (*impératif*) vous-même les secourir et les consoler.

Michel de l'Hôpital était le seul homme par qui la vérité *aller* (*ind. imparf.*) encore jusqu'au trône.

Si vous n'*aller* (*ind. prés.*) là que par complaisance, vous vous y *ennuyer* (*fut. simple*).

On *employer* (*ind. prés.*) souvent pour arriver des gens qu'on ne saluerait pas volontiers dans la rue.

Les Russes à Sébastopol *déployer* (*parf. déf.*) une indomptable énergie.

Les bavards *côtoyer* (*ind. prés.*) le mensonge de fort près.

Les enfants *égayer* (*ind. prés.*) la maison par leur joyeux babil.

Vous *envoyer* (*fut. simple*) des lettres qui n'*aller* (*fut. simple*) pas à leur adresse.

Que d'auteurs *délayer* (*ind. prés.*) une pensée de quelques lignes pour en faire un chapitre.

Faire un discours à quelqu'un qui se *noyer* (*ind. prés.*), c'est perdre une belle occasion de se taire.

Il faut que nous *aller* (*subj. prés.*) à la campagne pour réparer nos forces.

209. Exercice oral ou écrit. — Lire ou copier les phrases suivantes en mettant les verbes au temps indiqué.

Aussitôt que nous vîmes les flammes de l'incendie, nous *courir* (*parf. défini*) au secours de nos amis.

Ceux qui *hair* (*ind. prés.*) entretiennent un feu qui les brûle.

Mes enfants, *courir* (*impérat.*) dans le jardin et *cueillir* (*impérat.*) des fleurs pour la fête de votre mère.

N'oubliez pas que pour cuire des œufs à la coque il faut qu'ils *bouillir* (*subj. prés.*) trois minutes.

Les palmes que *cueillir* (*ind. prés.*) les conquérants ont poussé dans le sang.

Il est temps que ces enfants *dormir* (*subj. prés.*).

Malheureux, tu *dormir* (*ind. prés.*) et le feu est à ta maison.

On *acquérir* (*ind. prés.*) quelque sagesse dans la société des hon-nêtes gens.

Philippe Auguste à la bataille de Bouvines *faillir* (*parf. déf.*) tomber entre les mains des ennemis.

Les nuages *fuir* (*ind. imparf.*) et le ciel reprenait sa sérénité.

Marchez avec prudence sur cette falaise, il est à craindre que le sol ne *fuir* (*subj. prés.*) sous vos pas.

Enfant, *acquérir* (*impérat.*) dès maintenant un savoir qui fera le charme de ta vieillesse.

Quand la tempête *assaillir* (*ind. prés.*) les pêcheurs, ils *jeter* (*ind. prés.*) là leurs filets et *fuir* (*ind. prés.*) devant la rafale.

210. Exercice oral ou écrit. — Lire ou copier les phrases suivantes en mettant les verbes au temps indiqué.

Tous ces braves *gésir* (*ind. imparf.*) sous la neige ou sous les glaçons de la Bérézina.

Corneille était *issir* (*part. passé*) d'une famille de marchands.

Vous *mentir* (*ind. prés.*) trop souvent pour qu'on vous croie.

Il y a des gens qui *mourir* (*ind. prés.*) sans se douter qu'ils ont vécu.

« *Sentir* (*ind. prés.*) vous la délicatesse de ce morceau? *Souffrir* (*impératif*) que je vous *offrir* (*subj. prés.*) de ce vin, vous n'en avez pas souvent goûté de pareil. » Tels sont les discours que *tenir* (*ind. prés.*) des hôtes peut-être bons gourmets, mais fort ennuyeux.

Rien ne *servir* (*ind. prés.*) de courir, il faut partir à point.

Ouvrir (*impérat.*) la porte au voyageur *transir* (*part. passé*).

Vous avez *ouïr* (*part. passé*) les paroles de votre père : travaillez.

Il *saillir* (*parf. déf.*) tout à coup de ce rocher une source d'eau vive.

Il ne faut pas que vous *mentir* (*subj. prés.*); le mensonge est honteux et ne *servir* (*cond. prés.*) à rien.

Cette corniche ferait beaucoup mieux si elle *saillir* (*ind. imparf.*) un peu plus.

On vit souvent souffrir cette courageuse femme, mais on ne l'*ouïr* (*parf. déf.*) jamais se plaindre.

Quand la souffrance est là, nous *sentir* (*ind. prés.*) véritablement que nous vivons.

Le flot, poussé par une brise légère, ondule à la surface du lac et *mourir* (*ind. prés.*) à nos pieds.

Il faut bien qu'elle *mourir* (*subj. prés.*); elle le sait, mais elle veut aller à la mort par un beau chemin.

Les nations *mourir* (*fut. simple*) en leur temps, comme le reste des choses humaines.

211. Exercice oral ou écrit. — Lire ou copier les phrases suivantes en mettant les verbes au temps indiqué.

Pour que nous *asseoir* (*subj. imparf.*) tous nos auditeurs dans cette salle, il *falloir* (*cond. prés.*) qu'elle fût agrandie.

Déchoir (*part. passé*) du plus haut rang, un Romain *savoir* (*ind. imparf.*) retourner à la charrue.

Avec l'aide des années nous *déchoir* (*ind. prés.*) tous : c'est le tort de l'espèce humaine.

Le ruisseau qui *mouvoir* (*ind. prés.*) la roue du moulin est sec et le meunier attend tristement son retour.

Par cette douce température nous *asseoir* (*ind. imparf.*) notre malade dans le jardin et nous la *voir* (*ind. imparf.*) renaître.

Les Spartiates ne *savoir* (*ind. imparf.*) qu'une chose : mourir pour obéir aux lois de la patrie.

Il *seoir* (*cond. prés.*) mal à un enfant de se croire plus sage qu'un vieillard.

Celui qui *savoir* (*cond. prés.*) bien se commander à lui-même *pouvoir* (*cond. prés.*) commander aux autres.

Pourvu qu'il *pleuvoir* (*subj. prés.*) les fermiers sont contents.

Mon frère a été *promouvoir* (*part. passé*) au grade de lieutenant; nous l'avons *savoir* (*part. passé*) hier.

L'homme ne *valoir* (*ind. prés.*) que par le travail.

Orphée *émouvoir* (*ind. imparf.*) par ses chants les animaux et les plantes.

Il *seoir* (*ind. prés.*) aux honnêtes gens de mépriser les faveurs qu'on *voir* (*ind. prés.*) accorder à des intrigants.

Vous *vouloir* (*ind. prés.*) être heureux ? Ne mettez pas votre bonheur si haut que vous ne *pouvoir* (*subj. prés.*) l'atteindre.

Savoir (*impérat.*) que les titres et les honneurs n'ont d'autre prix que celui qu'on leur donne.

L'esprit qu'on *vouloir* (*ind. prés.*) avoir gâte celui qu'on a.

Un vieux proverbe dit qu' « il *valoir* (*ind. prés.*) mieux faire envie que pitié »; le mieux, selon moi, est de ne faire ni l'un ni l'autre.

212. Exercice oral ou écrit. — Lire ou copier les phrases suivantes en mettant les verbes au temps indiqué.

L'honnête homme ne *s'absoudre* (*condit. prés.*) jamais d'une lâcheté.

J'ai *boire* (*part. passé*) la coupe du plaisir et je l'ai trouvée amère.

Saint Louis *clore* (*ind. prés.*) glorieusement l'ère des croisades.

Connaître (*impérat.*) -toi toi-même, *dire* (*ind. imparf.*) la sagesse antique.

Lysandre *coudre* (*ind. imparf.*) la peau du lion à celle du renard, c'est-à-dire qu'il *joindre* (*ind. imparf.*) le courage à l'habileté.

Écoutez ce murmure lointain : c'est le vent qui *bruire* (*ind. prés.*) dans les bois d'alentour.

Le vrai se *conclure* (*part. prés.*) souvent du faux, le juge doit toujours être en éveil.

Croître (*impératif*), mes jeunes amis, en force et en sagesse.

Quand les méchants parlent trop haut, il *falloir* (*ind. prés.*) leur clore la bouche.

A la campagne vous assisterez à des repas où l'on *boire* (*ind. prés.*) des jours entiers.

Racine est peut-être, après Virgile, l'homme qui a le mieux *connaître* (*part. passé*) l'art des vers.

Une armée bien *conduire* (*part. passé*) porte avec elle de grandes chances de victoire.

Le bambou *croître* (*ind. prés.*) presque à vue d'œil, tant sa végétation est active.

Les sots sont toujours heureux : ils *croire* (*ind. prés.*) que tout le monde les admire.

Vous *dire* (*ind. prés.*) des choses qui *faire* (*ind. prés.*) sourire les gens sensés.

C'était bien le moins que nous *écrire* (*subj. prés.*) à un ami si éprouvé.

Pour terminer votre éducation il est nécessaire que vous *lire* (*subj. prés.*) beaucoup et de bons ouvrages.

Il a enfin *luire* (*part. passé*), ce beau jour du premier de l'an, si fertile en étrennes.

Nous *croire* (*ind. prés.*) facilement tous les maux que nous *craindre* (*ind. prés.*).

213. Exercice oral ou écrit. — Lire ou copier les phrases suivantes en mettant les verbes au temps indiqué.

L'arsenic *prendre* (*part. passé*) à très petite dose stimule l'appétit et ne *nuire* (*ind. prés.*) pas à la santé.

Henri IV *naître* (*parf. déf.*) dans les montagnes du Béarn; son berceau fut une écaille de tortue, et sa première boisson une cuillerée de vin de Jurançon.

Les moulins *moudre* (*ind. prés.*) le blé et donnent la farine aux boulangers.

Je ne veux pas que vous *rire* (*subj. prés.*) de mes conseils.

La vanité se *repaître* (*ind. prés.*) toujours des plus déplorables illusions.

Ne *mettre* (*impérat.*) pas trop de bonhomie dans vos rapports avec les autres, ils *prendre* (*cond. prés.*) volontiers votre bonté pour de la faiblesse.

Il y a des sots qui se *taire* (*ind. prés.*) et qui *paraître* (*ind. prés.*) pleins d'esprit.

La timidité est un défaut qui a toujours *nuire* (*part. passé*) à ceux qui la possèdent.

Il y a des gens qui croient qu'eux *repaître* (*part. passé*) tout le monde a diné.

Le feu *résoudre* (*ind. prés.*) en cendre et en fumée les forêts les plus vastes.

On meurt doucement quand on a bien *vivre* (*part. passé*).

Suivre (*impérat.*) toujours le droit chemin, bien que ce soit le plus long pour arriver au but.

Quand nous aurons *vaincre* (*part. passé*) nos défauts, nous aurons le cœur plus tranquille.

En Normandie on voit de tous côtés des femmes *traire* (*part. prés.*) les vaches dans de grands vases en cuivre.

Il faut s'exprimer toujours poliment, en *suivre* (*part. prés.*) les formes reçues.

Pour bien digérer ce travail historique, il eût été nécessaire que vous *vivre* (*subj. imparf.*) quelques mois encore dans les bibliothèques.

Les paysages qu'a *peindre* (*part. passé*) cet artiste sont étincelants de lumière.

Travaillez, *prendre* (*impérat.*) de la peine, c'est le fonds qui manque le moins.

214. Exercices oraux ou écrits. — A quelles remarques de grammaire historique peuvent donner lieu dans les phrases suivantes les mots imprimés en *italique*?

Mestre Geffroy, *alez* dire à la roine que le roi est esveillé et qu'elle *voise* vers li pour li apaisier. (JOINVILLE, XIII° siècle.)

Là où le soleil *feroit* qui fesoit les armes resplendir. (ID.)

Le *Collége* de France a été fondé à Paris par François Ier.

Ceux qui le liront, verront et *orront* (FROISSART, XIVe siècle.)

Certes, dame, voyez ci votre chevalier qui ne vous *fauldroit* pour mourir, si tout le monde vous *failloit.* (FROISSART, XIVe siècle.)

Coitier disait à Louis XI : « Je scay bien que ung matin vous m'*envoyerez* comme vous faictes d'autres, mais vous n'y vivrez point huyt jours après ». (COMMINES, XVe siècle.)

Tel *fiert* qui ne tue pas.

Oy, voy et te tais, si tu veux vivre en paix. (COTTGRAVE, XVIe siècle.)

Les plaisirs pris sans modération *abrégent* plus les jours des hommes que les remèdes ne peuvent les prolonger. (FÉNELON.)

> Envoyez ung héraut au chastel par delà,
> Pour parler au roi Pietres, *saver* comment il va.
>> (*Guesclin,* XIVe siècle.)

· Les rênes lui *cheurent* des mains. (AMYOT, XVIe siècle.)

Il *vesquit* jusques à la mort en dépit des envieux. (RABELAIS, XVIe siècle.)

215. Exercice. — Copier les vers suivants en les transcrivant avec l'orthographe moderne.

Contre les bucherons de la forest de Gastine.

(FRAGMENT.)

> Escoute, bucheron, arreste un peu le bras;
> Ce ne sont pas des bois que tu jettes à bas ;
> Ne vois tu pas le sang lequel dégoute à force
> Des nymphes qui vivoient dessous la dure escorce?
> Sacrilege meurdrier, si on pend un voleur
> Pour piller un butin de bien peu de valeur,
> Combien de feux, de fers, de morts et de détresses
> Merites-tu, meschant, pour tuer nos déesses ?
> Forest, haute maison des oiseaux bocagers!
> Plus le cerf solitaire et les chevreuls légers
> Ne paistront sous ton ombre, et ta verte criniere
> Plus du soleil d'esté ne rompra la lumière.
> Plus l'amoureux pasteur sur un tronq adossé,
> Enflant son flageolet à quatre trous persé,

Son mastin à ses pieds, à son flanc la houlette,
Ne dira plus le nom de sa belle Janette;
Tout deviendra muet, Echo sera sans vois;
Tu deviendras campagne, et, en lieu de tes bois,
Dont l'ombrage incertain lentement se remue,
Tu sentiras le soc, le coutre et la charrue;
Tu perdras le silence, et haletans d'effroy
Ny satyres ni Pans ne viendront plus chez toy.

Ronsard (1524-1585).

216. Exercice. — Mettre en prose les vers suivants. — Apprendre par cœur le même morceau.

Souvenir de collége

Je me rappelle encor, non sans ravissement,
La classe, son travail, son silence charmant;
Je tressaille, en songeant aux paisibles soirées
Sous les regards du maître au devoir consacrées,
Quand, devant le pupitre en silence inclinés,
Nous n'entendions, parfois de nous-même étonnés,
Que d'instant en instant quelques pages froissées,
Ou l'insensible bruit des plumes empressées,
Qui, toutes à l'envi courant sur le papier,
De leur léger murmure enchantaient l'écolier.
O jeunesse! ô plaisirs! jours passés comme un songe!
Du moins, ces temps heureux, l'étude les prolonge.
Elle laisse à nos cœurs cette première paix
Que les autres plaisirs ne prolongent jamais.
Celui qui dans l'étude a mis sa jouissance
Garde sa pureté, ses mœurs, son innocence;
Le miroir de sa vie est riant à ses yeux :
Les jours ne sont pour lui que des moments heureux.
Pauvre, libre, content, sans soins et sans envie,
Dans un lieu de son choix il jouit de sa vie;
Et, quand le terme vient, il passe sans effort
Du colme de l'étude au calme de la mort.   M. P. Lebrun.

CHAPITRE VI

DU PARTICIPE

217. Exercice. — Copier ou écrire sous la dictée le morceau suivant en soulignant d'un trait le participe passé, de deux traits le participe présent, de trois traits l'adjectif verbal.

Rome et la Gaule

En conquérant la Gaule, César l'a rendue entièrement et pour toujours romaine. Cette rapidité merveilleuse avec laquelle Rome s'assimile alors les Gaulois ne se comprend que lorsqu'on sait en quel état elle les avait trouvés. Ils avaient de grandes villes, un système régulier d'impôts, un ensemble de croyances religieuses, une aristocratie ambitieuse et puissante, et une sorte d'éducation nationale dirigée par les prêtres. Cette culture, encore imparfaite, si elle n'avait pas entièrement éclairé les esprits, les avait au moins éveillés. Ils étaient ouverts et curieux, assez intelligents pour reconnaître ce qui leur manquait, assez libres de préjugés pour renoncer à leurs usages quand ils en trouvaient de meilleurs. Dès le commencement de la guerre, ils réussirent à imiter la tactique romaine, à construire des machines de siège et à les manœuvrer avec une habileté à laquelle César rend justice. Ils étaient donc encore rudes et grossiers, si l'on veut, mais déjà tout prêts pour une civilisation supérieure dont ils avaient le désir et l'instinct. Voilà ce qui explique qu'ils l'aient si facilement accueillie. Ils avaient combattu dix ans contre la domination de l'étranger, ils ne résistèrent pas un jour à adopter sa langue et ses usages. On peut dire que la Gaule ressemblait à ces terres fendues par un soleil brûlant et qui boivent avec tant d'avidité les premières gouttes de la pluie; elle s'est si profondément imprégnée de la civilisation romaine, dont elle avait soif sans la connaître, qu'après tant de siècles et malgré tant de révolutions elle n'en a pas encore perdu l'empreinte, et que c'est la seule chose qui ait persisté jusqu'à présent dans ce pays où tout change.   GASTON BOISSIER.

218. Exercice oral. — Expliquer les nuances de sens qui distinguent les mots *vaincre, surmonter, dompter, réduire, triompher.*

219. Exercice écrit. — Copier les vers suivants en les transcrivant avec l'orthographe actuelle.

L'aubespin.

Bel aubespin verdissant,
  Fleurissant,
Le long de ce beau rivage,
Tu es vestu jusqu'au bas
  Des longs bras
D'une lambrunche sauvage.

Deux camps drillants de fourmis
  Se sont mis
En garnison sous ta souche;
Et dans ton tronc mi-mangé
  Arrangé
Les avettes ont leur couche.

Le gentil rossignolet,
  Nouvelet,
Avecques sa bien-aimée,
Pour ses amours alleger
  Vient loger
Tous les ans en ta ramée.

Sur ta cyme il fait son ny,
  Bien garny
De laine et de fine soye,
Où ses petits esclorront,
  Qui seront
De mes mains la douce proye.

Or vy, gentil aubespin,
  Vy sans fin,
Vy sans que jamais tonnerre
Ou la coignée, ou les vents,
  Ou les temps
Te puissent ruer par terre. RONSARD (1524-1585).

220. Exercice de mémoire. — Apprendre par cœur les vers précédents.

221. Exercices oraux ou écrits. — A quelles remarques peuvent donner lieu les participes en *italique* dans les phrases suivantes ?

Les Lacédémoniens *aimants* mieux que leurs citoyens fussent obéissants que s'ils eussent la présidence sur tous les Grecs. (Amyot, xvi* siècle.)

Nul *mescreant* ne doibt estre *contrainct* par guerre ne aultrement, pour venir à la foi catholique. (*Songe du Vergier*, xiv* siècle.)

Il resolut de mourir afin que ses concitoyens ne pussent jamais estre *absoulz* de leur serment. (Amyot, xvi* siècle.)

Je suis Roland, qui tant vous a *amé*. (*Roncevaux*, xii* siècle.)

De joie [elle] eut le cuer [cœur] ouvert et *esmeu*. (*Berte*, xiii* siècle.)

Il voulut que celui qui auroit fait le meurtre fust *absoult*. (Amyot, xvi* siècle.)

CHAPITRE VII

DE L'ADVERBE

222. Exercice. — Copier ou écrire sous la dictée le morceau suivant en soulignant d'un trait les adverbes.

Comment il faut apprendre

Bien apprendre, c'est apprendre vite, et retenir longtemps. Comment atteindre ce double but?

Nous voici en face d'une page de prose ou d'un morceau de poésie à apprendre. Par où commencerons-nous? Allons-nous attaquer tout de suite l'étude de ce morceau mot à mot, ligne à ligne, vers à vers, et, la première phrase ainsi apprise, passerons-nous à la seconde? Mauvais moyen. C'est le chemin des écoliers, c'est-à-dire le plus long. Le plus court, je vais vous étonner peut-être, c'est de débuter par une lecture d'ensemble et tout intellectuelle; ne vous occupez pas d'abord des paroles, rendez-vous compte de la composition du morceau, de la marche des idées; voyez d'où l'auteur part, par où il passe, par où il arrive. Imprimez-vous dans l'esprit, si je puis parler ainsi, l'architecture de cette page, de façon à ce que les lignes générales se dessinent dans votre mémoire et s'y fixent à l'état de charpente. Sans doute, ce travail préalable à tout apprentissage littéral du texte prend un certain temps, car il ne s'agit pas d'une lecture courante, mais d'une lecture lente, réfléchie, où l'on s'arrête, où l'on recommence, où parfois l'on retourne en arrière; cependant, loin d'être du temps perdu, ce sera du temps gagné, et votre besogne mnémonique s'en trouvera diminuée de moitié. Comment cela? direz-vous. Parce que, quand vous commencerez l'apprentissage littéral, les phrases et les mots, au lieu de s'entasser au hasard dans votre tête, iront se loger d'eux-mêmes à la place que leur assignera l'enchaînement des idées; c'est comme une sorte de cadre qui les appellera et les retiendra.

Legouvé.

223. Exercice oral. — Donner l'origine des adverbes *bien, longtemps, comment, où, ainsi, plus, abord, y, parfois, comme.*

224. Exercice oral ou écrit. — Remplacer chaque tiret par un adverbe et apprendre le morceau par cœur.

L'oiseau prisonnier

Enfant, vous avez pris un oiseau dans un champ.
Et vous voilà joyeux, et vous criez victoire !
Et le pauvre petit, dans une cage noire,
Se plaint, et vous prenez sa plainte pour un chant.

Il va vous amuser — jusqu'à demain,
Et pour ce court plaisir vous lui coupez les ailes,
Tout en l'emprisonnant entre ces barreaux grêles,
Pour qu'il ne vole pas — haut que votre main.

Et vous le regardez —, depuis une heure,
Meurtrir son petit bec dans son étroit cachot,
Courir aux quatre coins, voler de — en — ,
Avec le cri plaintif de toute âme qui pleure.

Et — vous semez sa cage de muguets
Et de toutes les fleurs, ses anciennes compagnes ;
Mais cela — vaut — l'air des vastes campagnes
Et les chansons du soir dans le fond des bosquets.

Vous ne savez donc pas, enfant, quel saint mystère
En becquetant — remplit l'oiseau pieux ?
Les petits sont dans l'arbre au fond du nid joyeux ;
Pour vous, c'est un oiseau ; mais, pour eux, c'est un père.

Il descend le matin du nid de mousse frêle
Pour prendre un — de blé qu'il reporte —haut,
Pour les faire grandir, puis afin que —
Leur cri devienne un chant et leur duvet une aile.

Or, quand votre captif, qui crie et vous évite,
S'arrête en écoutant, c'est qu'il entend la voix
Des petits qu'il laissa, dire du fond des bois :
« Nous allons tous mourir si tu ne reviens   . »

Car, — recevant — ce qu'il doit lui porter,
La mère reste au nid, inquiète et fidèle ;
Et, malgré son amour et l'abri de son aile,
Tous ses petits mourront sans avoir pu chanter !

Écoutez donc l'oiseau, respirez donc la rose,
Sans les prendre à la plaine, à l'air pur, au ciel bleu ;
Car — notre main à ce que créa Dieu,
Même en le caressant, enlève quelque chose.

                    AL. DUMAS fils (Calmann Lévy, éditeur).

225. Exercice de mémoire. — Apprendre par cœur les vers précédents.
226. Exercices oraux ou écrits. — A quelles remarques de grammaire
historique peuvent donner lieu les adverbes en *italique* dans les phrases suivantes ?

Telz desconfit au soir son adverse partie,
Qu'*au jour d'hui* perdera les membres et la vie. (*Guesclin*, XIVᵉ s.)

Les fossez furent *bien tost* emplis. (Id.)
Le grant seneschal lui doit donner *à l'entour* de Vienne quelques
chasses qui le pourront retarder. (MARGUERITE, XVIᵉ siècle.)
Vingt ans *au paravant* on n'avoit senti un si dur hiver que celui
qu'il faisoit *lors*. (LANOUE, XVIᵉ siècle.)
Aussi tost qu'il y a tant soit peu d'apparence que le dangier soit
esloigné. (MONTAIGNE, XVIᵉ siècle.)
Je voy que il a *ceans* huit cents personnes et plus. (JOINVILLE,
XIIIᵉ siècle.)
Des ja y avoit cinq ou six enseignes du roi qui estoient arrivées.
(COMMINES, XVᵉ siècle.)
Si commencerons *des ore mais* notre livre en la manière que
ensuit. (BEAUMANOIR, XIIIᵉ siècle.)
Nostre mescompte ne pourroit *d'ores en avant* excéder vingt et
quatre heures. (ID.)

227. Même exercice.

La plus forte bataille que les Grecs aient *oncques* donnée. (MON-
TAIGNE, XVIᵉ siècle.)
Je l'ai *ja* dit d'autre façon. (LA FONTAINE.)
Pitheus taschoit à lui persuader qu'il fist *plus tost* ce voyage par
mer. (AMYOT, XVIᵉ siècle.)

Tenez-vous dans la route commune ; il ne faict *mie* bon estre si subtil et si fin. (MONTAIGNE, XVI° siècle.)

La vraie pénitence peut-elle consister sans foi? *nenni* pas. (CALVIN, XVI° siècle.)

Si nous fuyons, nous sommes perdus *d'avantage.* (FROISSART, XIV° siècle.)

Oïl, par Dieu, ne puet (cela ne peut) estre autrement. (*Couci,* XIII° siècle.)

> Et tant qu'*ouy* et *nenny* se dira,
> Par l'univers le monde me lira. (MAROT, XVI° siècle.)

Ils sont en nombre *trop* plus dix fois que nous. (RABELAIS, XVI° siècle.)

Ensi comme il fut devisé (résolu) fut fait. (VILLEHARDOUIN, XIII° siècle.)

Voire mais, comment serait-il possible de trouver un taureau si grand? dit l'estranger. (AMYOT, XVI° siècle.)

CHAPITRE VIII

DE LA PRÉPOSITION

228. Exercice. — Copier ou écrire sous la dictée le morceau suivant en soulignant d'un trait les prépositions.

Une vallée vue du haut de la montagne

Tandis que je gravissais, par une matinée très froide, le sentier escarpé qui conduit à la montagne, le brouillard épais remplissait l'atmosphère. Je voyais à peine les arbres les plus voisins de moi, et leurs troncs se dessinaient comme des ombres à travers la vapeur. Quand je fus arrivé au sommet, le brouillard que j'avais auparavant sur la tête était au-dessous de mes pieds ; il s'étendait comme une mer immense et allait flotter jusque dans les moindres sinuosités. Un instant après, je jouissais d'un spectacle tout différent : la vallée, comme une rose fraîchement épanouie, me montrait ses bois, ses coteaux, ses plaines vertes, ses étages couverts de hameaux et de pâturages, ses bosquets fleuris, enfin des glaces et des roches menaçantes. Mais ce qu'il est impossible de rendre, c'est le mouvement si varié des oiseaux de toute espèce, des troupeaux qui avançaient lentement d'une haie à l'autre, de ces nombreux chevaux qui bondissaient dans les pâturages ; ce sont surtout ces bruits confus des sonnettes, des eaux et du vent, qui, adoucis par la distance, exprimaient une vie si calme. Thiers.

229. Exercice écrit. — Donner l'origine des prépositions soulignées. — Trouver dix mots se rapportant à la *montagne*, dix désignant des *arbres* de montagne.

230. Exercice oral ou écrit. — Remplacer chaque tiret par une préposition et apprendre le morceau suivant.

Les fleurs du printemps

L'anémone si mobile,
Frêle tribut du printemps,
Courbe sa tige débile
— ses pétales flottants.

La primevère — joie
Brise ses langes dorés ;
La violette déploie
Sa robe aux pans azurés.

Voici la noble pensée
— ses trois écussons ;
— l'épine élancée
Qui blanchit — les buissons :
La véronique étoilée
Aux yeux bleus et languissants,
Et la pervenche étalée
— les gazons renaissants.

Le fraisier brode — l'herbe
Des festons — fleurs d'émail.
Lui qu'on verra plus superbe
Chargé de fruits — corail ;
La gentille pâquerette
S'égaye aux feux du matin,
Et comme une collerette,
Ouvre ses plis de satin.

Le thym né — la colline
Répand ses dons parfumés ;
Le narcisse qui s'incline
Se mire aux ruisseaux aimés ;
Le muguet — les fougères
Courbe son front assoupi,
Et le bleuet des bergères
Va grandir — l'épi.

— les ombres taciturnes
D'un sentier sombre et voûté
La mousse arbore ses urnes
Sur un tapis velouté ;
Et la liane balance,
En embrassant le bosquet,
Ses feuilles — fer de lance
Et ses coupes — bouquets.
CHARLES NODIER.

231. Exercices oraux ou écrits. — A quelles remarques de grammaire historique peuvent donner lieu les mots en *italique* dans les phrases suivantes ?

Les alcyons pondent leurs petits *lez* le rivage. (RABELAIS, xvi° siècle.)

Il vint une grande assemblée de recteurs [curés] pour assister à la cérémonie de notre chapelle : M. du Plessis était *parmi*. (SÉVIGNÉ.)

Le ciel agit sans nous en ces événements
Et ne les règle point *dessus* nos sentiments. (CORNEILLE.)

Rome est *dessous* vos lois par le droit de la guerre. (ID.)

Celui qui est vertueux est *touz jours* droit et bien, *non obstant* les fortunes. (ORESMES, xiv° siècle.)

Sous Alexandrie [il y] ad un port *juste* mer. (*Chanson de Roland*, xi° siècle.)

Ils appeloient dureté sa sévérité *encontre* les meschans. (AMYOT, xvi° siècle.)

Encoste lui avoit couché son brant [épée]. (*Aliscans*, xii° siècle.)

S'étant tout le long du jour promené *emmi* la place. (MALHERBE, xvi° siècle.)

Voyez ci de nos ennemyz qui accourent. (RABELAIS, xvi° siècle.)

Nous vous en rapportons le cuer [cœur], et *ve le ci*. (*Berte*, xiii° siècle.)

Voy me *la* prest à boire. (RABELAIS, xvi° siècle.)

Tant s'entresamblent de *vis* et de menton. (*Amis et Amiles*, xii° siècle.)

CHAPITRE IX

DE LA CONJONCTION

232. Exercice. — Copier ou écrire sous la dictée le morceau suivant en soulignant d'un trait les conjonctions.

Les Pyramides

La main du temps et plus encore celle des hommes qui ont ravagé tous les monuments de l'antiquité, n'ont rien pu jusqu'ici contre les Pyramides. La solidité de leur construction et l'énormité de leur masse les ont garanties de toute atteinte, et semblent leur assurer une durée éternelle. Les voyageurs en parlent tous avec enthousiasme, et cet enthousiasme n'est point exagéré. L'on commence à voir ces montagnes factices dix lieues avant d'y arriver. Elles semblent s'éloigner à mesure qu'on s'en approche; on en est encore à une lieue, et déjà elles dominent tellement sur la tête qu'on croit être à leur pied; enfin l'on y touche, et rien ne peut exprimer la variété des sensations qu'on y éprouve : la hauteur de leur sommet, la rapidité de leur pente, l'ampleur de leur surface, le poids de leur assiette, la mémoire des temps qu'elles rappellent, le calcul des travaux qu'elles ont coûté, l'idée que ces immenses rochers sont l'ouvrage de l'homme, si petit et si faible, qui rampe à leur pied, tout saisit à la fois le cœur et l'esprit d'étonnement, de terreur, d'humiliation, d'admiration, de respect. Mais, il faut l'avouer, un autre sentiment succède à ce premier transport; après avoir pris une si grande opinion de la puissance de l'homme, quand on vient à méditer l'objet de son emploi, on ne jette plus qu'un œil de regret sur son ouvrage; on s'afflige de penser que pour construire un vain tombeau, il a fallu tourmenter vingt ans une nation entière: on gémit sur la foule d'injustices et de vexations qu'ont dû coûter les corvées onéreuses, et du transport, et de la coupe, et de l'entassement de tant de matériaux.

On s'indigne contre l'extravagance des despotes qui ont com-

mandé ces barbares ouvrages : ce sentiment revient plus d'une fois
en parcourant les monuments de l'Égypte; ces labyrinthes, ces
temples, ces pyramides, dans leur massive structure, attestent bien
moins le génie d'un peuple opulent et ami des arts, que la servitude
d'une nation tourmentée par le caprice de ses maitres.

VOLNEY. (*Brevet élémentaire,* 1887.)

233. Exercice oral. — Donner l'origine des conjonctions soulignées. —
Donner les homonymes de *car, ou, quand, mais, ni, si.*
234. Exercice oral ou écrit. — Dans les vers suivants souligner d'un trait
que conjonction, de deux traits *que* pronom relatif.

Un bon conseil adressé aux gens colères

Un certain Grec disait à l'empereur Auguste,
Comme une instruction utile autant que juste,
Que, lorsqu'une aventure en colère nous met,
Nous devons, avant tout, dire notre alphabet,
Afin que dans ce temps la bile se tempère,
Et qu'on ne fasse rien que l'on ne doive faire.

(MOLIÈRE.)

235. Exercice de mémoire. — Apprendre par cœur les vers précédents.
236. Exercice. — Mettre en prose les vers précédents.
237. Exercice d'analyse. — Analyser logiquement et par écrit la phrase :
La solidité de leur construction et l'énormité... etc.
238. Exercices oraux ou écrits. — A quelles remarques de grammaire
historique peuvent donner lieu les mots en *italique* dans les phrases suivantes?

Adonc le roy lui donna la collee (accolade) en disant : « Chevalier,
soyés hardy et preux! » (*Perceforest,* xv° siècle.)
Et nous vous jurerons que nous, en aussi bonne foi, vous ser-
virons en l'ost (armée) *come* nous feïssions lui. (VILLEHARDOUIN,
xiii° siècle.)
Il fault maintenir ce *neantmoins* l'ame en bonne trempe. (MON-
TAIGNE, xvi° siècle.)
Le premier *doncques* qu'il desfeit fut un voleur nommé Peri-
phetes. (AMYOT, xvi° siècle.)
Celuy devant qui rien n'est *ne* futur *ne* passé. (Id.)
Ainz *mais* n'avint en France nule si granz dolors. (*Saxons,* xii° siècle.)

CHAPITRE X

DE L'INTERJECTION

239. Exercice oral ou écrit. — Dans les phrases suivantes souligner d'un trait les interjections.

Hélas ! qu'est devenu ce temps, cet heureux temps ?

Holà ! ho ! descendez, que l'on ne vous le dise,
Jeune homme qui menez laquais à barbe grise ! (La Fontaine.)

Sus ! aux armes ! voilà l'ennemi.

Ah ! que la critique est aisée aux gens qui n'ont jamais rien fait.

Eh ! courage ! mes enfants, le but n'est pas éloigné, redoublez d'efforts.

Eh bien, je préfère une franche bonhomie à un esprit trop réservé et trop subtil.

Alerte ! matelots, le vent change.

Soyez raisonnable, allons, travaillez et tout le monde vous fera bon visage.

Ah ! que de la vertu les charmes sont puissants !

240. Exercice oral ou écrit. — Dans les phrases suivantes remplacer chaque tiret par une interjection.

— que c'est laid de faire le paresseux !

— je me suis piquée en voulant retirer ma plume.

— te voilà, toi ; je ne t'attendais guère.

— cendres d'un époux, ô Troyens, ô mon père !

— mon fils, que tes jours coûtent cher à ta mère !

— sur l'avenir bien fou qui se fiera !

Qui va là ? — ma peur à chaque pas s'accroît !

— alerte ! voici nos gens qui accourent.

— que la renommée est injuste et trompeuse !

— s'il est un heureux, c'est sans doute un enfant.

— qui n'a pas pleuré quelque perte cruelle !

241. Exercice écrit. — Copier le morceau suivant en le transcrivant avec l'orthographe actuelle.

De la pie et de ses piaux

Je vous veulx faire un conte d'oiseaux. C'estoit une pie qui conduisoit ses petits piaux par les champs, pour leur apprendre à vivre; mais ils faisoient les besiats, et vouloient tousjours retourner au nid, pensant que la mère les dust toujours nourrir à la bechée : toutesfoys, elle, les voyant tout drus pour aller par toutes terres, commença à les laisser manger tout seuls petit à petit, en les instruisant ainsi : « Mes enfans, dit-elle, allez-vous-en par les champs; vous estes grands pour chercher votre vie; ma mère me laissa que je n'estois pas si grande que de beaucoup vous estes. — Voire mais, disoient-ils, que ferons-nous? les albalétriers nous tueront. — Non feront, non, disoit la mère : il fault du temps pour prendre la visée. Quand vous verrez qu'ils lèveront l'albalète et qu'ils la mettront contre la joue pour tirer, fuyez-vous-en! — Eh! bien, nous ferons bien cela: mais si quelqu'un prend une pierre pour nous frapper, il ne fauldra poinct qu'il prenne de visée. Que ferons-nous alors? — Et vous verrez bien tousjours, disoit la mère, quand il se baissera pour ramasser la pierre. — Voire mais, disoient les piaux, s'ils portoient d'adventure la pierre tousjours preste en la main pour ruer? — Ah! dit la mère, en savez-vous bien tant! Or, pourvoyez-vous, si vous voulez. » Et ce disant, elle les laisse et s'en va. Si vous n'en riez, si n'en pleureray-je pas.

BONAVENTURE DESPÉRIERS (mort en 1544).

LIVRE III

SYNTAXE

PREMIÈRE PARTIE

SYNTAXE DES MOTS

CHAPITRE I
SYNTAXE DU SUBSTANTIF

SECTIONS I, II.

242. Exercice oral ou écrit. — Lire ou copier les phrases suivantes en remplaçant chaque tiret par un des mots : *avocat, empereur, successeur, auteur, compère, compère, roi, cousin, frère, fils, peintre, sculpteur, père, dieu, fils, frère, chasseur, frère, frère, sauveur, maître,* qu'on écrira selon la règle.

Cette mère dévouée a été l' — de son fils auprès du père irrité.

Catherine, — de Russie, fut la femme et le — de Pierre le Grand (1725).

Les femmes — seront d'autant mieux goûtées que leurs œuvres brilleront par des qualités surtout féminines.

> Ma — la carpe y faisait mille tours
> Avec le brochet son —. (La Fontaine.)

Marie Stuart, l'infortunée — d'Écosse, a été décapitée par l'ordre de sa — Élisabeth (1587).

La langue latine est la — et non pas la — de la langue grecque.

Les femmes — et — font chaque année à Paris une exposition de leurs œuvres.

Le travail est souvent le — du plaisir :
Je plains l'homme accablé du poids de son loisir. (VOLTAIRE.)

Diane était une —, — de Jupiter et de Latone, et — d'Apollon. On la représente ordinairement en — avec un carquois sur l'épaule et un lévrier à ses côtés.

Les vertus devraient être —
Ainsi que les vices sont —.

Charlotte Corday croyait qu'en tuant Marat elle serait le — de France.
Cette fermière est une — femme, qui s'entend admirablement à diriger la maison.

243. Exercice oral ou écrit. — Lire ou copier les phrases suivantes en remplaçant chaque tiret par un des mots *le, le, puni, un beau, annuel, le, le, un grand, religieux, un, le, le, le, un, un bon, un, savoureux,* qu'on écrira selon la règle.

Grâce à différents procédés et à d'ingénieuses combinaisons, les anciens obtenaient avec — pourpre treize nuances, qui comprenaient le noir, le mauve, le jaune et plusieurs rouges.

— mémoire est un puissant auxiliaire pour l'intelligence.

La nymphe Écho fut — d'avoir trompé Junon sa maîtresse et condamnée à ne plus répéter que la dernière syllabe des mots qu'elle entendait.

Rien ne décore mieux une cheminée qu'— — pendule comme celles qu'on faisait au xvii° siècle.

Certaines académies et beaucoup de sociétés publient des mémoires —, c'est-à-dire des recueils de leurs travaux, qui deviennent des documents historiques d'un haut intérêt.

— solde ne fut établie d'une manière régulière qu'au xiv° siècle, lorsque Charles VII organisa en France l'armée permanente.

— greffe est une opération très utile à l'agriculture : elle sert à conserver et à multiplier des espèces qui ne pourraient se reproduire au moyen de graines.

Une partie du temple de Jérusalem était séparée et cachée par — — voile aux regards des assistants.

Les offices — de la semaine sainte sont, à Rome, d'une pompe et d'une beauté vraiment imposantes.

On appelle foc — voile triangulaire qui se met à l'avant du bateau.

— critique est aisée et l'art est difficile.

La position incomparable de Singapour lui assure un avantage très considérable pour le service des correspondances, — relâche des passagers et l'entrepôt des marchandises.

On définit ainsi — pendule : toute masse pesante suspendue à un fil mobile autour d'un point fixe, ou à une tige métallique mobile autour d'un axe horizontal.

— écho extrêmement curieux est celui du château de Simonetta, en Italie, qui répète quarante à cinquante fois un coup de pistolet.

— — critique doit être, avant tout, impartial et point méchant.

Les soldats, les collégiens, tous ceux qui sont vêtus d'un uniforme portent le deuil avec — crêpe au bras.

En Bretagne on fait, avec de la farine de sarrasin et du beurre très frais, des crêpes — fort goûtées de tout le monde.

244. Exercice oral ou écrit. — Lire ou copier les phrases suivantes en remplaçant chaque tiret par un des mots *le, son, le, un, ce, ces beaux, le, le, tout son, un, beau, le, le, gardé*, qu'on écrira selon la règle.

C'est à Louis XI et vers l'année 1480, qu'il faut faire remonter l'organisation du service de — poste en France.

Sous un arbre, aussitôt, il va prendre — somme.

— tour de Pharos (petite île d'Égypte près d'Alexandrie) était haute de 150 mètres; elle fut construite en 285 avant J.-C. et subsista près de 1600 ans. On y entretenait la nuit des feux pour guider les vaisseaux. Telle est l'origine des phares.

A l'âge de sept ans, un gentilhomme était placé auprès d'un haut baron pour y remplir quelques menues fonctions domestiques; il devenait — page. A quatorze ans il était hors de page et devenait écuyer.

Nommé précepteur du duc de Bourgogne, Fénelon se montra digne de — poste élevé, et fit de son élève un prince accompli, que la mort enleva malheureusement fort jeune.

C'est de notre manufacture de Sèvres que sortent — — vases qui font un ornement si envié dans les palais d'Europe.

— livre tournois, monnaie employée en France au moyen âge, valait à peu près vingt sous; — livre Parisis en valait vingt-cinq.

Après qu'il eut brouté, trotté, fait — — tours,
Jeannot Lapin retourne aux souterrains séjours. (La Fontaine.)

On montre dans les caves du château de Heidelberg un tonneau fameux; c'est — foudre pouvant contenir 140 000 litres.

Quelques — pages de Corneille ou de Bossuet sont plus profitables à l'esprit qu'une bibliothèque d'ouvrages médiocres.

— foudre est la décharge électrique qui éclate entre un nuage et la terre; ses effets sont très variés et souvent bizarres.

Certains oiseaux de l'ordre des échassiers ont un bec grêle, long et faible, qui ne leur permet guère que de fouiller dans — vase pour y chercher les vers et les insectes; tels sont les bécasses, les courlis, les ibis.

Charles V réunit au Louvre une collection de 910 livres, pieusement — sous des chaines de fer; ce fut le commencement de la Bibliothèque royale.

245. Exercice oral ou écrit. — Lire ou copier les phrases suivantes en remplaçant chaque tiret par un des mots *un beau, grand, un sot, filial, cher, commun, pêcheur, grand, petit, triomphant, un vrai,* qu'on écrira selon la règle.

C'est par — — automne qu'il faut admirer la forêt de Fontainebleau.

Les basaltes se présentent souvent sous la forme de colonnes prismatiques ressemblant de loin aux tuyaux des — orgues de nos cathédrales.

L'aigle d'une maison n'est qu'— — dans une autre. (Gresset.)

L'amour — de Coriolan l'emporta sur ses rancunes de citoyen; il céda aux prières de sa mère Véturie et cessa d'assiéger Rome.

Cette Esther, l'innocence et la sagesse même,
Que je croyais du ciel les plus — amours,
Dans cette source impure aurait puisé ses jours. (Racine.)

On distingue plusieurs variétés d'aigles : les aigles —, les aigles —, les orfraies ou aigles de mer, les pygargues ou aigles à queue blanche, etc.

L'étude et les voyages sont peut-être les plus — délices qui puissent embellir une existence.

Les plus beaux airs de nos opéras ont été popularisés et souvent ridiculisés par les — orgues de Barbarie, qui les jouent si mal.

Napoléon Ier fit entrer nos aigles — dans toutes les capitales de l'Europe.

C'est — — délice de trouver de l'ombre et de la fraicheur après une grande course au soleil.

246. Exercice oral ou écrit. — Lire ou copier les phrases suivantes en remplaçant chaque tiret par un des mots *le, un, un, trouvé, grand, beau, inconnu, un, joyeux, national,* qu'on écrira selon la règle.

Arago a estimé le nombre des personnes tuées par — foudre à vingt par an en France, c'est-à-dire une victime pour près de deux millions d'habitants.

J'ai envoyé à ma mère le produit de ma chasse : un lièvre, un faisan et — couple de perdrix.

— enfant sage et laborieux est aimé de tout le monde.

Quelque chose que vous ayez —, faites en sorte qu'elle soit rendue à son propriétaire.

Alexandre et Napoléon Iᵉʳ sont les plus — foudres de guerre qu'ait encore produits l'humanité.

Les plus — hymnes composées en l'honneur des héros sont celles de Pindare.

Il y a quelque anguille sous roche, c'est-à-dire : il y a dans cette affaire quelque chose d'—, dont il faut se défier.

Cette jeune fille, presque — enfant encore, remplace sa mère malade dans la conduite de la maison et dans l'éducation de ses petits frères.

Quel spectacle plus gai à voir en passant qu'une fête villageoise avec son orchestre en plein vent et ses couples — tournoyant sous les arbres.

Le « God save the queen » est l'hymne — des Anglais.

247. Exercice oral ou écrit. — Lire ou copier les phrases suivantes en remplaçant chaque tiret par un des mots *le, perlé, beau, assombri, complet, le, tout, un grand, le, haut,* qu'on écrira selon la règle.

Les Israélites célèbrent — Pâque en souvenir de la sortie d'Égypte et du passage de la mer Rouge.

L'orge — est le grain privé de son enveloppe et plus ou moins arrondi par une action mécanique.

Pour avoir de — orges, il faut une terre plutôt légère que forte, nette, bien ameublée et récemment fumée.

Pâques a été — cette année par un temps froid et maussade.

Les œuvres — de Cicéron forment plusieurs gros volumes.

L'histoire du moyen âge comprend — période qui s'étend de 376 à 1453.

Il est impossible à un collectionneur de rassembler — l'œuvre d'un sculpteur ou d'un peintre; il y en aura toujours quelques fragments épars en d'autres lieux.

Une bien légère aumône nous vaut souvent — — merci.

Que de fois des soldats se rendirent à — merci du vainqueur qui n'en furent pas moins massacrés sans pitié.

C'est sous Périclès que les lettres et les arts furent portés en Grèce à leur plus — période.

248. Exercice oral ou écrit. — Lire ou copier les phrases suivantes en remplaçant chaque tiret par un des mots *maniéré, vilain, ménagé, le, tel, vu, insensé, tout, vieux, ombrageux, tyrannique, indulgent, tout, petit, exposé,* qu'on écrira selon la règle.

Les gens — sont presque toujours froids ou faux.

Molière a mis de — gens dans son théâtre et il ne les a pas —.

— gent trotte-menu s'en vient chercher sa perte.

— gens sont bientôt à bout de leurs écus. (La Fontaine.)

Les braves gens que j'ai — dans cette ville sont tous ennuyeux.

N'imitez pas ces gens — qui, sous prétexte de donner à leur pays des leçons de modestie, en disent tout le mal possible.

Presque — ces — gens sont —, — et peu —.

On demande à tort à — les gens de lettres d'être aussi intéressants dans leur conversation que dans leurs ouvrages.

Evitez de vous familiariser avec les — gens, parce qu'ils en abusent.

Les gens du monde sont — à commettre de grandes erreurs quand ils parlent de médecine.

SECTION III

DU NOMBRE

249. Exercice oral ou écrit. — Lire ou copier les phrases suivantes en remplaçant chaque tiret par un des mots *œil, ciel, œil, œil, ciel, ciel, aïeul, travail, travail, ail, œil,* qu'on écrira selon la règle.

Junon changea Argus en paon, et cet oiseau, dont la queue est semée des cent — d'Argus, fut depuis consacré à la reine des dieux.

Les — de lit du siècle dernier sont de vrais baldaquins couverts d'ornements, de draperies et de touffes de plumes.

Les oiseaux élevés en cage sont sujets aux maux d'—.

Les pierres que l'on nomme —de-chat ne sont autre chose que du quartz pénétré de filaments d'amiante et présentant, quand il est arrondi, des reflets nacrés et blanchâtres.

Les — de la Provence donnent une idée des — d'Orient par leur profondeur lumineuse et l'éclat varié de leurs couleurs.

Qui sert bien son pays n'a pas besoin d'—. (Voltaire.)

Les — gigantesques que font exécuter nos ingénieurs sont plus utiles que les — antiques du même genre et ne coûtent ni la vie ni la liberté à une foule de malheureux.

Parmi les variétés d'—, il en est une commune dans le Midi et charmante par ses fleurs blanches abondantes au printemps.

L'infortuné roi de Thèbes, Œdipe, s'étant crevé les —, sa fille Antigone lui servit de guide.

250. Exercice oral ou écrit. — Lire ou copier les phrases suivantes en remplaçant chaque tiret par un des mots *le, on dit, funérailles, témoin, témoin, i, mouchettes, ciseau, armoiries, témoin, lunette, témoin, lunette, ciseau,* qu'on écrira selon la règle.

— platine est le plus pesant de tous les métaux.

Rien n'est moins digne de foi que les — — répétés par les ignorants et les curieux.

On devrait se faire un devoir d'escorter les — des grands citoyens.

On appelle — oculaires ceux qui ont vu un événement, et — auriculaires ceux qui ont entendu ce qu'ils racontent.

> On aura quelque part omis une virgule;
> Que sais-je? on n'aura pas mis les points sur les —;
> Aussitôt cela forme un procès ridicule.
>
> (La Chaussée.)

On appelle — une sorte de — usités pour le nettoyage des lampes.

Quelle vanité puérile ont certaines personnes de prodiguer partout leur blason et leurs —.

Louis XII et Henri IV furent de bons rois; — les regrets unanimes du peuple quand ils moururent.

Les — ordinaires, dont on attribue l'invention au Florentin

Salvina, mort en 1317, étaient d'un usage commun en France au xiv° siècle.

Les faux — étaient condamnés, par les capitulaires de Charlemagne, à avoir le poing coupé. Saint Louis remplaça cette peine par une amende.

La — d'approche, découverte par hasard vers 1600, porte le nom de Galilée, parce que c'est cet illustre astronome qui le premier l'appliqua aux observations astronomiques.

C'est au — de Phidias et de Praxitèle que nous devons les plus plus purs modèles de la statuaire.

251. Exercice oral ou écrit. — Lire ou copier les phrases suivantes en remplaçant chaque tiret par un des mots *Avé, concerto, oratorio, trio, quatuor, quintette, ex-voto, adagio, allégro, andante, scherzo, tramway, bravo, vivat, dillettante, carbonaro, in-folio, in-quarto, in-octavo,* qu'on écrira selon la règle.

Un concile tenu à Sens en 1346 ordonna de répéter trois — quand sonnait le couvre-feu.

Mozart, Beethoven, Haydn, nous ont laissé une foule de —, d'—, de —, de —, de —, tous remarquables à différents titres.

Les sanctuaires du bord de la mer sont remplis d'— offerts par des marins reconnaissants.

Les —, les —, les —, les — sont des morceaux de musique dont le seul titre indique le mouvement.

On donne généralement le nom de — à de grands omnibus circulant sur des rails.

L'engouement et le parti pris dirigent souvent les — et les — de la foule. Les — savent seuls applaudir à propos.

Le nom de — paraît avoir été appliqué primitivement en Italie à des conspirateurs guelfes qui se réunissaient au fond des bois dans des cabanes de charbonniers.

Les — demandent une place considérable dans une bibliothèque; les — et les — sont d'un format beaucoup plus commode.

252. Exercice oral ou écrit. — Lire ou copier les phrases suivantes en remplaçant chaque tiret par un des mots *bonhomme, Gallo-Romain, chef-d'œuvre, martin-pêcheur, timbre-poste, laurier-rose, contrevent, gentilhomme, pot-de-vin, passe-droit, coq-à-l'âne, bien-fonds,* qu'on écrira selon la règle.

Que de peintres, sous prétexte de faire des tableaux de genre, mettent sur leurs toiles des — absolument ridicules.

La condition des — fut lamentable sous les premiers rois mérovingiens.

Relisez sans cesse les grands auteurs du xvii° siècle, vous y trouverez les plus purs — de notre littérature.

Les — sont de ravissants oiseaux au plumage d'un bleu vert éclatant.

La fraude en matière de — est punie d'une amendede 50 à 1000 francs.

Les — abondent en Grèce; ils font l'ornement des rives de l'Eurotas.

Les fenêtres qui donnent sur la mer sont munies de solides — en bois plein.

Le costume des — sous Louis XIV fut d'une beauté et d'une richesse sans égales.

Quand certains fonctionnaires arrivent au pouvoir, ils trouvent toujours que leurs prédécesseurs ont reçu des —, fait des —, enfin commis une foule d'irrégularités.

Les saltimbanques divertissent la foule par leurs jeux grotesques et leurs — saugrenus.

Une fortune placée en — est peut-être plus sûre qu'une fortune placée en valeurs.

253. Exercice oral ou écrit. — Lire ou copier les phrases suivantes en remplaçant chaque tiret par un des mots *gutta-percha, porte-voix, passe-temps, chauve-souris, perce-neige, trompe-l'œil, bas-relief, bout-rimé, passe-temps, beau-frère, belle-sœur, belle-mère, belle-fille, plate-bande, porte-allumettes, vide-poches, presse-papiers, abat-jour, porte-bougie, cache-nez, porte-montre,* qu'on écrira selon la règle.

On fabrique avec la — des ancres, des —, des bouées de toute sorte.

La peinture et la musique, la lecture, le jardinage sont les plus doux — qu'on puisse se procurer à la campagne.

Les — sont des animaux hibernants, c'est-à-dire que, dans les pays froids, ils passent l'hiver sans prendre de nourriture, dans un état d'engourdissement ou de léthargie.

Les — sont les fleurs les plus hâtives de nos climats.

Certains peintres grecs faisaient des tableaux qui étaient de vrais —; témoin Parrhasius et Zeuxis.

La colonne Trajane fut élevée en 112 en l'honneur de Trajan; haute de 41 mètres, elle était couverte de — qui représentaient les exploits de l'empereur dans la guerre dacique.

La mode des — a fait éclore une foule de mauvais vers; ce genre de — est aujourd'hui délaissé dans les salons.

L'accord est souvent bien difficile à garder entre — et —, entre — et —.

Des — ornées de fleurs choisies et bien soignées forment un agréable spectacle.

Les ventes de charité, si fréquentes aujourd'hui, sont un prétexte à la confection de charmants bibelots, tels que des —, des —, des —, des —, des —, des —, des —, etc.

254. Exercice oral ou écrit. — Lire ou copier les phrases suivantes en remplaçant chaque tiret par un des mots *avant-coureur, réveille-matin, arrière-boutique, sous-sol, sous-lieutenant, qu'en-dira-t-on, va-et-vient, branle-bas, sauve-qui-peut, porte-clefs, laissez-passer, passe-partout, arrière-neveu, grand-père, songe-creux, vice-amiral, entr'acte, contre-coup,* qu'on écrira selon la règle.

Virgile a décrit dans de beaux vers les signes — de la tempête.
L'alouette et le rouge-gorge sont les — de la campagne.

Bien des pauvres petits commerçants passent leur vie dans de sombres —, presque aussi malsaines que les —, où personne ne voudrait habiter.

Les jeunes gens qui sortent de Saint-Cyr débutent dans l'armée comme —.

Les honnêtes gens obéissent à leur conscience sans s'occuper des —.

Les enfants animent une maison de leurs perpétuels —; tantôt ils jouent aux soldats et ce sont des —, des — animés; tantôt ils jouent aux prisonniers, ils ont alors des —, des —, des —; leur imagination ne chôme jamais, et nos — se plairont aux mêmes jeux qui ont diverti nos —.

Les philosophes et les poètes ont bien souvent passé pour des —.

Louis XIV créa en 1669 deux —, l'un pour la Méditerranée, l'autre pour l'Océan.

Les périodes de paix sont, dans l'histoire, des — trop rares.

Les points de contact sont maintenant si nombreux entre les divers peuples de la terre, qu'aucun ne peut être ébranlé sans que les autres en ressentent les —.

255. Exercice oral ou écrit. — Lire ou copier les phrases suivantes en remplaçant chaque tiret par un des mots *Armagnac, Bourguignon, Jupiter, Mercure, Apollon, Guise, Racine, Boileau, Corneille, La Bruyère, Raphaël, Cléopâtre, Gracques, Espagnol, Molière, Pelletier, Corneille,* qu'on écrira selon la règle.

Les — et les — ensanglantèrent de leurs querelles les premières années du xvᵉ siècle.

Ce n'étaient pas précisément des modèles de vertu et de bonté que les —, les —, les — et bien d'autres dieux de la mythologie grecque.

> Des — cependant le rapide bonheur
> Sur son abaissement élevait leur grandeur. (VOLTAIRE.)

Les —, les —, les —, les — — pouvaient être aussi estimés pour leur caractère que pour leur talent ou leur génie.

Le Musée de peinture du Louvre possède deux — : Saint Michel terrassant le dragon et une Sainte Famille.

Il y a eu plusieurs —; la troisième, qui était reine d'Égypte, est célèbre par sa beauté, son esprit et sa mort tragique.

Saint-Réal, historien né à Chambéry en 1639, a écrit la conjuration des — et l'histoire de la conjuration des — contre Venise.

Vous avez dans votre bibliothèque plusieurs —, prêtez-m'en un.

> Oui, je sais qu'entre ceux qui t'adressent leurs veilles,
> Parmi des — on compte des —. (BOILEAU.)

SECTION IV

COMPLÉMENT DU NOM

256. Exercice oral ou écrit. — Lire ou copier les phrases suivantes en remplaçant chaque tiret par un des mots *talent, épice, truffe, laque, porcelaine, écaille, agate, malachite, plume, prince, touriste, avril, grésil, grêle, pluie, architecture, fleur, fruit, homme, animal, ruban, muguet, plume, science, abricot, framboise, orange, bonne qualité, talent, honneur*, qu'on écrira selon la règle.

Ce musicien est rempli de — et charme toujours son auditoire.

Il se tient tous les ans à Paris deux marchés très connus : la foire au pain d' — et la foire aux jambons.

On vend jusqu'à des pelures de —, tant ce précieux tubercule est recherché par toutes les bourses.

Le ministre Louvois est le premier en France qui ait fait parade d'une tabatière, elle était de vieux —. On vit ensuite des tabatières de — de Saxe, des tabatières d' —, ornées de dessins, des boîtes d' —, de —, montées en or.

> Dans le réduit obscur d'une alcôve enfoncée
> S'élève un lit de — à grands frais amassée. (BOILEAU.)

Les villes de Suisse sont pourvues de constructions qu'on prendrait plutôt pour des maisons de — que pour des hôtels de —

Il n'est si gentil mois d' —
Qui n'ait son chapeau de —,

c'est-à-dire que dans ce mois il y a toujours quelques averses de — ou de —.

On appelle arabesques des ornements d' — empruntés aux Arabes et qui se composent d'un mélange de —, de — et quelquefois de figures d' — et d' —.

Cette dame avait sur son chapeau un nœud de —, un bouquet de — et une touffe de —.

On dit avec raison de quelques hommes que ce sont des puits de —.

La ville de Clermont-Ferrand est célèbre pour ses pâtes d' — et de —, pour ses confitures d' — et de plusieurs autres fruits.

Choisissez pour femme une jeune fille remplie plutôt de — — que de —.

Les souveraines ont toujours plusieurs dames d' —.

257. Exercices oraux ou écrits. — A quelles remarques de grammaire historique peuvent donner lieu les noms en *italique* dans les phrases suivantes ?

Les devins aperçurent deux *aigles* volans vers eux, dont l'*une* tenait entre ses griffes un serpent qu'*elle* perçoit d'oultre en oultre avec ses ongles. (AMYOT, xv° siècle.)

Il faut s'aimer d'*une amour mutuelle.* (RONSARD, xvi° siècle.)

L'*automne* est *sec* de sa nature. (PARÉ, xvi° siècle.)

Quelques fois l'*automne* est fort *tempérée.* (O. DE SERRES, xvi° siècle.)

Adonne toi à l'estude des lettres pour en tirer *quelque chose* qui soit *toute tienne.* (MONTAIGNE, xvi° siècle.)

Isocrates a escrit un plaidoyer en la defense de Alcibiades, touchant *une couple* de chevaulx. (AMYOT, xvi° siècle.)

Mémoire à mon solliciteur,
De m'envoyer par ce porteur,
Qui prend à Paris mes paquets,
Un couple de bons perroquets. (ST-GELAIS, xvi° siècle.)

Vostre *hymne* est *achevé,* je ne vous loueray plus. (RONSARD, xvi° siècle.)

Vous disnez pour *un grammercy*. (MAROT, xvi° siècle.)

La meule d'un moulin ne moudra que le grain qu'on aura mis dessous; si c'est de l'orge, on aura de l'*orge moulu*. (BOSSUET.)

Si *maint œuvre* de moi, *solide* autant que *beau*,
Peut tirer un héros de la nuit du tombeau. (LA FONTAINE.)

Auparavant que *Pasque* soit *passée*. (CARLOIX, xvi° siècle.)

Il [le rhumatisme] a son commencement, son augmentation, *son période* et sa fin. (SÉVIGNÉ.)

Souvent *petits gens* en menoient grand'noise [querelle]. (COMMINES, xv° siècle.)

Toutes gens dont il avoit obéissance. (FROISSART, xiv° siècle.)

258. Exercices oraux ou écrits. — A quelles remarques de grammaire historique peuvent donner lieu les noms en *italique* dans les phrases suivantes?

Le souvenir de leurs *aïeuls* devient leur opprobre. (MASSILLON.)

Il délaissera toutes espiceries, *ails*, oignons, etc. (PARÉ, xvi° siècle.)

Quand l'*aguet* d'un pirate arrêta leur voyage. (MALHERBE, xvi° siècle.)

Les sots sont la *broussaille* du genre humain. (MARMONTEL.)

Il en faisait sa plainte une nuit; un voleur
Interrompit la *doléance*. (LA FONTAINE.)

Ainsi fut faite la *funeraille* feste. (J. D'AUTON, xvi° siècle.)

Sur cette *nippe*-là vous auriez peu d'argent. (REGNARD.)

En cette saison mourut son pere, auquel il fist très grant et solennel *obseque*. (COMMINES, xv° siècle.)

Le sang luy sortoit par la bouche, par le nez, par les *œilz* (yeux). (RABELAIS, xvi° siècle.)

Ce qui me fait d'autant plus esbahir qu'ayans de tels *resveille-matins* nous soyons si endormis. (LANOUE, xvi° siècle.)

Tous ces *chefs-d'œuvres* antiques
Ont à peine leurs reliques. (MALHERBE, xvi° siècle.)

259. Exercice. — Copier le morceau suivant en le transcrivant avec l'orthographe actuelle.

Les animaux chez les anciens

Les Romains avoient un soing publicque de la nourriture des oyes, par la vigilance desquelles leur Capitole avoit été sauvé. Les Atheniens ordonnerent que les mules et mulets qui avoient servy au bastiment du temple appelé Hecatompedon feussent libres, et qu'on les laissast paistre par tout sans empeschement. Les Agri-

gentins avoient en usage commun d'enterrer serieusement les
bestes qu'ils avoient eu cheres, comme les chevaulx de quelque rare
merite, les chiens et les oyseaux utiles, ou mesmes qui avoient servi
de passetemps à leurs enfants : et la magnificence, qui leur estoit
ordinaire en toutes aultres choses, paroissoit aussi singulièrement à
la somptuosité et nombre des monuments eslevez à cette fin, qui
ont duré en parade plusieurs siècles depuis. Les Égyptiens enter-
roient les loups, les ours, les crocodiles, les chiens et les chats, en
lieux sacrez, embasmoient leurs corps, et portaient le dueil à leur
trespas. Cimon feit une sépulture honorable aux iuments avec lesquelles il avoit gaigné par trois fois le prix de la course aux ieux
olympiques. Et Plutarque faisoit, dict-il, conscience de vendre et envoyer à la boucherie, pour un legier proufit, un bœuf qui l'avoit
longtemps servi.   MONTAIGNE (1533-1592).

260. Exercice. — Copier les vers suivants en les transcrivant avec l'orthographe actuelle.

Fable

Jadis un loup, dit-on, que la faim espoinçonne,
Sortant hors de son fort, rencontre une lionne,
Rugissante ã l'abord, et qui monstroit aux dents
L'insatiable faim qu'elle avoit au-dedans.
Furieuse, elle approche ; et le loup qui l'advise
D'un langage flatteur luy parle et la courtise :
Car ce fut de tout temps que, ployant sous l'effort,
Le petit cede au grand, et le foible au plus fort.

Luy, dis-je, qui craignoit que, faute d'autre proye,
La beste l'attaquast, ses ruses il employe.
Mais enfin le hasard si bien le secourut
Qu'un mulet gros et gras à leurs yeux apparut.
Ils cheminent dispos, croyant la table preste,
Et s'approchent tous deux assez près de la beste.
Le loup, qui la cognoist, malin et deffiant,
Luy regardant aux pieds, luy parloit en riant :
« D'où es-tu ? qui es-tu ? quelle est ta nourriture,
Ta race, ta maison, ton maistre, ta nature ? »
Le mulet, estonné de ce nouveau discours,
De peur ingénieux, aux ruses eut recours ;

Et, comme les Normands, sans luy respondre : « Voire !
Compere, ce dit-il, je n'ay point de mémoire ;
Et comme sans esprit ma grand mere me vit :
Sans m'en dire autre chose, au pied me l'escrivit. »

Lors il leve la jambe au jaret ramassée,
Et d'un œil innocent il couvroit sa pensée,
Se tenant suspendu sur les pieds en avant.
Le loup qui l'apperçoit se leve de devant,
S'excusant de ne lire avecq' ceste parolle,
Que les loups de son temps n'alloient point à l'escolle ;
Quand la chaude lionne, à qui l'ardente faim
Alloit précipitant la rage et le dessein,
S'approche, plus sçavante, en volonté de lire.
Le mulet prend le temps, et du grand coup qu'il tire
Lui enfonce la teste, et d'une autre façon,
Qu'elle ne sçavoit point, luy apprit sa leçon.

MATHURIN RÉGNIER (1573-1613).

CHAPITRE II

SYNTAXE DE L'ARTICLE

SECTIONS I, II, III

261. Exercice oral ou écrit. — Lire ou copier les phrases suivantes en remplaçant chaque tiret par l'article s'il y a lieu.

L'ancien et — nouveau continent ont plus de terre dans l'hémisphère nord que dans l'hémisphère sud.

Les golfes ou — baies sont des parties de mer qui s'avancent dans la terre.

Tous les vins de — Champagne ne sont pas blancs.

Les gardes sont responsables des délits, — dégâts et — abus qui ont lieu dans leurs cantons, et passibles des amendes et — indemnités encourues par les coupables, lorsqu'ils n'ont pas eux-mêmes constaté les délits.

Les Basques pêchaient la baleine dans le golfe de Gascogne — douzième et — treizième siècle.

— Saint-Martin se célèbre en grande pompe à Tours.

Les vassaux de l'abbesse de Remiremont devaient lui porter tous les ans un plat — neige, à la Saint-Jean — été (24 juin); et s'ils n'avaient pas eu — talent de conserver de — neige, ils devaient conduire à l'abbaye une paire — taureaux blancs.

Le crime de — Saint-Barthélemy fut épouvantable et ne fit qu'empirer la situation de la France.

D'après les lois de Solon, à Athènes, un père qui n'avait point fait apprendre — métier à son fils ne pouvait en exiger aucun secours.

La surveillance des eaux et — forêts est exercée par des gardes assermentés.

Dans les nombreuses réunions, — champagne est toujours le signal des toasts et des discours.

L'homicide commis volontairement est qualifié — meurtre; tout meurtre commis avec préméditation est qualifié — assassinat et doit être puni de — mort.

Une des manies de l'historien Mézeray était de se soustraire à la clarté du soleil, et d'éclairer sa chambre avec — flambeaux, quand il travaillait, en plein midi, — cœur de l'été. De peur que cette singularité ne ressortit pas assez, il ne manquait pas de reconduire jusqu'à la porte de la rue, une lumière à — main, ceux qui lui rendaient visite.

Rien n'est plus précieux que la vraie et — solide amitié.

Les aubergistes ou — hôteliers sont responsables des effets apportés par le voyageur qui loge chez eux.

Que d'auteurs veulent faire des vers à — Corneille qui ne réussissent qu'à se rendre ridicules.

262. Exercice oral ou écrit. — Lire ou copier les phrases suivantes en remplaçant chaque tiret par l'article s'il y a lieu.

Dans — prospérité il est agréable d'avoir un ami; dans — malheur c'est un besoin.

En toute chose il faut considérer — pour et — contre.

> Et le financier se plaignait
> Que les soins de la Providence
> N'eussent pas au marché fait vendre — dormir,
> Comme — manger et — boire. (LA FONTAINE.)

L'amour-propre est nécessaire; c'est de l'amour-propre éclairé que naît — honneur, — décence et — honnêteté. La vanité ne produit rien de bon, et de — orgueil n'attendez que — vices.
(J.-J. ROUSSEAU.)

— contentement passe — richesse.

Faites par — devoir ce qu'il faudra bientôt faire par — nécessité.

> Flatteuse illusion! Doux oubli de nos peines!
> Oh! qui pourrait compter — heureux que tu fais!
> (COLLIN D'HARLEVILLE.)

Dans les excursions de — montagne il vaut mieux aller à pied qu'en — voiture.

Un quidam les rencontre et dit : « Est-ce — mode
Que — baudet aille à l'aise et — meunier s'incommode? »

(LA FONTAINE.)

263. Exercice oral ou écrit. — Lire ou copier les phrases suivantes en
remplaçant chaque tiret par l'article s'il y a lieu.

Souvent nos amis ne réussissent point à servir nos intérêts, mais il
faut au moins tenir — compte de leurs bonnes intentions.

Il ne suffit pas d'avoir — raison, il faut aussi être insinuant et
modeste pour persuader.

Les graveurs sur — bois prennent — racine du buis pour en
faire des tablettes et graver sur — bois.

Dans plus d'un incendie, les pompiers sont obligés de faire —
part du feu et de se borner à sauver les maisons voisines.

Le palais de Darius construit en bois de cèdre prit — feu très
vite et incendia la ville de Persépolis.

Les enfants demandent toujours — raison de chaque chose, mais
l'écoutent rarement.

Les Romains prenaient — feu comme divinité protectrice de leur
maison.

Il est rare que les pins transplantés prennent — racine.

C'est le 3 août 1492 que Christophe Colomb fit — voile vers l'A-
mérique, et il ne prit — terre que le 8 octobre.

Un négociant a besoin de comptables fidèles et intelligents pour
tenir — comptes et les livres de sa maison.

Les lacs de Suisse sont en général très profonds; on y perd —
pied tout près du bord.

J'ai perdu — pied de cette table.

C'est avec du chanvre qu'on fait — voiles de navire. On en
fabrique beaucoup à Dunkerque.

Quiconque prend — terre de son voisin est puni d'un empri-
sonnement de deux ans à cinq ans.

Nous ne devons jamais, en société, prendre — place d'amis plus
anciens ni chercher à les supplanter.

Faire — part de son bonheur à des indifférents est souvent
une imprudence et une sottise.

264. Exercice oral ou écrit. — Lire ou copier les phrases suivantes en
remplaçant chaque tiret par l'article ou la préposition *de*.

Un homme est-il notre ami, il n'a que — qualités; devient il
notre ennemi, il n'a que —innombrables défauts.

Ne donnez jamais — conseils qu'il soit dangereux de suivre.

Les humains vus de près sont pleins — petits vices et — toutes petites qualités ; il faut les aimer cependant, puisque nous faisons partie de l'humanité.

« Si le ciel tombait, il y aurait bien — alouettes prises », est un proverbe qu'on applique aux personnes qui font —absurdes suppositions, ou qui ont — craintes ridicules.

> Heureux si de son temps, pour cent bonnes raisons,
>   La Macédoine eût eu — Petites-Maisons !   (BOILEAU.)

Henri III prit plaisir à porter en écharpe un panier rond plein — petits épagneuls.

Le sage doit apprendre à profiter de tout, — biens et — maux de la vie, — vices et — vertus des autres, — ses propres fautes et — ses bonnes actions.

Il faut payer ses dettes, le salaire des artisans, les gages des domestiques, avant que de faire — charités.   (MASSILLON.)

N'affectez point ici — soins si généreux.   (VOLTAIRE.)

Colbert avait toujours — petits chats qui jouaient dans son cabinet.

265. Exercice oral ou écrit. — Lire ou copier les phrases suivantes en remplaçant chaque tiret par l'article s'il y a lieu.

L'eau de — mer ne dissout pas le savon, prenez de l'eau de — rivière pour vous laver les mains.

Les peuples — Asie ont toujours été faciles à subjuguer.

L'Espagne au seizième siècle absorba les mines d'or — Mexique et — Pérou sans en devenir plus riche.

— Vénus de Milo, bien que mutilée, est un des plus beaux spécimens de l'art antique.

On honorera dans tous les temps les vertus — Le Tellier, — Lamoignon et — Montausier.

Bien des gens regardent — Tasse comme —Homère de l'Italie.

Les porcelaines — Chine et les laques — Japon sont aujourd'hui répandus à profusion en — Europe.

> — Phaéton d'une voiture à foin
>   Vit son char embourbé.   (LA FONTAINE.)

L'Espagne s'honore d'avoir produit — Sénèque, — Lucain, — Martial, — Silius Italicus, etc.

. Les sculpteurs anciens recherchaient le marbre de — Paros; les sculpteurs modernes préfèrent le marbre de — Carrare.

Boileau disait que dans le sac de Scapin il ne reconnaissait plus — Molière du Misanthrope.

L'exemple — Catons est trop facile à suivre :
Lâche qui veut mourir, courageux qui veut vivre.
(L. Racine.)

— trop célèbre Cartouche a été la terreur de Paris au commencement du xviii* siècle.

266. Exercice oral ou écrit. — Lire ou copier les phrases suivantes en remplaçant chaque tiret par l'article *le*, *la*, *les* ou *le* invariable.

Le premier inventeur des arts est le besoin, le plus ingénieux de tous les maîtres et celui dont les leçons sont — plus écoutées.

La guerre — plus heureuse est — plus grand fléau des peuples, et une guerre injuste est — plus grand crime des rois.

La prospérité est — plus grande épreuve de la sagesse.

Remarquez que les gens à qui l'on ne peut rien apprendre ne sont pas ceux qui savent — plus.

Les arbres — plus hauts sont — plus exposés aux coups de la tempête.

C'est sur le dos que les crocodiles ont la peau — plus dure.

C'est en sortant du lac de Genève que les eaux du Rhône sont — plus rapides.

Mais qu'on me nomme enfin dans l'histoire sacrée
Le roi dont la mémoire est — plus révérée. (Voltaire.)

Pour les envieux la réputation — mieux établie n'est qu'une erreur publique.

C'est au lever et au coucher du soleil que les oiseaux se font — plus entendre.

Les vérités qu'on aime — moins à entendre sont d'ordinaire celles qu'on a — plus d'intérêt à savoir.

A ces mots, dans les airs le trait se fait entendre :
A l'endroit où le monstre a la peau — plus tendre,
Il en reçoit le coup, se sent ouvrir les flancs. (La Fontaine.)

267. Exercices oraux ou écrits. — A quelles remarques de grammaire historique peuvent donner lieu les phrases suivantes?

Vous êtes en Sicile, où vous avez près de vous Etna. (MALHERBE, XVIᵉ siècle.)

La justice, probité, prudence, valeur et tempérance sont toutes qualités qui se peuvent trouver en une seule âme. (Id.)

En Inde il se trouve du miel aux feuilles des cannes. (Id.)

Ayant lâché le pied sans combattre, il se retira. (LA ROCHEFOU-CAULD.)

L'âge d'airain donna la naissance aux passions. (Id.)

Le sot est automate, il est machine, il est ressort. (LA BRUYÈRE.)

Le prédicateur n'est point soutenu par des faits toujours nouveaux, par de différents événements, par des aventures inouïes. (Id.)

D'autres livres sont sous la clef. (Id.)

Celui qui a pénétré la cour connoît ce que c'est que vertu et ce que c'est que dévotion. (Id.)

Albin, ne me tiens pas des discours superflus. (CORNEILLE.)

Que sert de disputer le passage de Loire. (Id.)

La hardiesse et confiance est le commencement de la victoire. (RACINE.)

Des grosses larmes lui tombent des yeux. (SÉVIGNÉ.)

Cette mère est d'une exactitude sur les heures qui ne convient pas à de jeunes gens. (Id.)

268. Exercice écrit. — Copier le morceau suivant en le transcrivant avec l'orthographe actuelle.

Un paysage.

Vray est que ce verger de soy-mesme estoit une bien belle et plaisante chose, et qui approchoit des grands princes et des roys, contenoit bien demy-quart de lieue en longueur, et estoit en beau site eslevé, ayant de largeur cinq cents pas, si qu'il paraissoit à l'œil comme un carré allongé. Il y avoit toutes sortes d'arbres fruictiers, des pommiers, des myrtes, des poiriers, des grenadiers, des figuiers, des orangers et des oliviers, d'un aultre costé de la vigne haute qui montoit sur les pommiers et sur les poiriers, dont les raisins commençoient déjà à se tourner comme si la vigne eust estrivé avec les arbres à qui porteroit de plus beau fruict. D'un aultre costé estoient les arbres non portant fruicts, comme lauriers, plantains, cyprès, pins; sur lesquels, au lieu de vigne, y avoit du lierre, dont les grappes grosses et déjà noircissantes contrefaisoient le raisin. Les arbres fruictiers estoient tous au dedans, vers le centre du jardin, comme pour être mieux gardés, et les stériles estoient aux orées tout alentour comme une closture faicte toute expressément, et tout cela ceinct et environné d'une bonne et forte haie. Tout y estoit fort bien compassé; les tiges des arbres estoient assez distantes les unes des aultres, mais les branches s'entrelaçoient tellement que ce qui estoit de nature sembloit estre faict par exprèz artifice. Il y avoit des carreaulx de fleurs dont nature en avoit le produict aucunes et l'art de l'homme les aultres; les roses, les œillets et les lis y estoient venus moyennant l'œuvre de l'homme; les viollettes, le muguet et le moron, de la seule nature. En esté, il y avoit de l'ombre; au printemps, des fleurs; en l'automne, toutes délices, et en tout temps, du fruict, selon la saison. Il découvroit toute la campagne, et en pouvoit-on veoir les troupeaux des bestes paissans emmi les champs. On en voyoit à plein la mer, et allans et venans sur icelle, au long de la coste, ce qui estoit un des plus délicieux plaisirs du verger.

AMYOT (1513-1595).

269. Exercice. — Copier le morceau suivant en le transcrivant avec l'orthographe actuelle.

La vie champêtre

Bien heureux est celui qui, très-loin du vulgaire,
Vit en quelque rivage éloigné, solitaire,
Hors des grandes cités, sans bruit et sans procès,
Et qui content du sien ne fait aucun excès;
Qui voit de son château, de sa maison plaisante,
Un haut bois, une prée, un parc qui le contente;
Qui joyeux fuit le chaud aux ombrages divers;
Qui tempère le froid des rigoureux hivers
Par un feu continu; qui tient bien ordonnée
En vivres sa maison tout du long de l'année;
Les pensers ennuyeux ne lui rident la peau,
Ne lui changent le poil ni troublent le cerveau;
Mais n'espérant plus rien et craignant peu de chose,
Son seul contentement pour but il se propose.
Il rit de la fortune, et de cet or trompeur
Que l'avare en un coin dépose plein de peur.

Il prend son passe-temps de voir, dedans les villes,
Tant d'hommes convoiteux, tant de troupes servilles,
Courre aux biens, aux profits, aux états, aux honneurs
Pour faire, après, parti des grands et des seigneurs....

VAUQUELIN DE LA FRESNAYE (1536-1606).

CHAPITRE III

SYNTAXE DE L'ADJECTIF

SECTION I

ADJECTIFS QUALIFICATIFS

270. Exercice oral ou écrit. — Lire ou copier les phrases suivantes remplaçant chaque tiret par un des mots *supérieur, sous-marin, sujet, continuel, inconnu, désagréable, capable, bleu, rouge, blanc, énorme, surprenant, construit, blanc*, qu'on écrira selon la règle.

Alexandre montra toujours un courage et une prudence — à son âge.

On se sert de la gutta-percha pour composer l'enveloppe des câbles électriques —

Le riche et l'indigent, l'imprudent et le sage,
— à même loi, subissent même sort.
(J.-B. ROUSSEAU.)

Auguste gouverna Rome avec un tempérament, une douceur — qui lui fit pardonner ses anciennes cruautés.

La lunette d'approche ou télescope fut — en France jusqu'au commencement du xvIIᵉ siècle.

On trouve parfois çà et là, dans les quartiers neufs des grandes villes, un groupe de vieilles constructions très — à l'œil.

Heureux le peuple qui honore les lettres de cet attachement, de cette protection — de les faire fleurir.

Les couleurs —, — et — sont les couleurs nationales de la France.

C'est un vilain spectacle que celui de ces grandes chasses où l'on massacre en règle une quantité d'oiseaux — pour le seul plaisir de tuer.

Entraînées par un chef énergique, les plus mauvaises troupes peuvent montrer tout à coup un entrain, une valeur —

La forêt de pins qui enveloppe Arcachon abrite une foule de chalets — pour la plupart en bois ou en pierre —

271. Exercice oral et écrit. — Lire ou copier les phrases suivantes en remplaçant chaque tiret par un des mots *dernier-né, frais éclos, aveugle-né, ivre mort, juste, fort, clair, fâché, premier-né, ferme, sourd-muet, profond, froid, haut, bas, sérieux, cher, nouveau-né, doux, bon, nouveau, court vêtu, ferme, juste, cher*, qu'on écrira selon la règle.

Les — sont souvent les plus gâtés dans les nombreuses familles.

Au-dessus d'un joli nid de fauvette pendaient deux belles roses — et tout humides de rosée.

Les aveugles par accident sont plus à plaindre que les —

Ces soldats — ne pouvaient porter leurs armes.

Certains orateurs croient frapper — quand ils frappent —

Dans les questions les plus simples les gens intéressés ne voient pas —

Ces hommes ont l'air — de ce qu'ils viennent d'apprendre.

C'était une ancienne coutume de consacrer à Dieu les — de tous les animaux.

La plus grande qualité guerrière des Anglais est de se montrer — dans les combats.

On va répétant que les aveugles sont plus gais que les — ce qui semblerait indiquer qu'on trouve le silence encore plus triste que l'obscurité.

Cette eau a l'air trop — et trop — pour que nous songions à nous y baigner.

Il y a des gens qui mettent si — les choses qui leur appartiennent, et si — celles qui appartiennent aux autres, que leurs jugements, dictés par la vanité, ne méritent aucune confiance.

Votre proposition n'a pas l'air —

Vous m'avez vendu — vos secours inhumains.   (RACINE.)

On aime à se représenter ces premiers temps du monde où les hommes — voyageaient sur la terre avec leurs troupeaux.

Cette petite vache bretonne a l'air — et —

A Paris les — débarqués sont assourdis par le bruit des voitures.

D'un regard étonné, j'ai vu sur les remparts
Ces géants — automates de Mars.   (Voltaire.)

Soldats! il faut marcher — viser — et en toute occasion vendre — notre vie.

272. Exercice oral ou écrit. — Lire ou copier les phrases suivantes en plaçant selon le sens les mots suivants : *grand, honnête, brave, jeune, propres, simple, méchant, pauvre, grand, bon, pauvre, malhonnête, commune, commune, grands, dernière, braves, cruel, bon, grand, méchant,* avant ou après les noms en *italique.*

Turenne fut non seulement un *général,* mais encore un *homme.*
Nos rusés paysans ont souvent un air *homme* qui prévient en leur faveur.
A Rome on était un *homme* jusqu'à trente ans.
Ce médecin nous expliqua sa maladie en *termes.*
Je n'ai à vous offrir que ces *fleurs.*
Il est toujours, quoi qu'il fasse, un *écrivain.*
Un *homme* appelle votre charité.
Les *citoyens* vivent dans la mémoire des hommes.
C'est un *homme* à qui l'on fait croire tout ce qu'on veut.
Le fou Charles VI fut un *roi.*
Ne confiez pas vos intérêts à un *homme.*
Les Grecs décernèrent les armes d'Achille à Ulysse d'une *voix.*
Ce chanteur n'avait en somme qu'une *voix*
Si vous voulez des *hommes* n'allez pas les chercher chez les Lapons.
Pour beaucoup, l'année 1889 sera la *année.*
Condé, Turenne, Vauban furent des *hommes*
Vous êtes un *homme* avec vos plaisanteries hors de propos.
Malgré ses chagrins et ses douleurs ce vieillard a encore *visage.*
Charlemagne fut un *homme.*
Grâce à ses satires, Boileau passa longtemps pour un *écrivain*

273. Exercice. — Copier les vers suivants en remplaçant chaque tiret par un adjectif qui convienne au sens et à la rime.

Les deux rats

Un jour le rat des champs, ami du rat de ville,
Invita son ami dans son — asile.
Il était économe et soigneux de son bien ;
Mais l'hospitalité, leur — lien,
Fit les frais de ce jour comme d'un jour de fête.
Tout fut prêt : lard, raisin, et fromage, et noisette.
Il cherchait par le luxe et la variété
A vaincre les dégoûts d'un hôte rebuté,
Qui, parcourant de l'œil sa table officieuse,
Jetait sur tout à peine une dent —
Et lui, d'orge et de blé faisant tout son repas,
Laissait au citadin les mets plus —

« Ami, dit celui-ci, veux-tu dans la misère
Vivre au dos escarpé de ce mont —
Ou préférer le monde à tes — forêts ?
Viens ; crois-moi, suis mes pas ; la ville est ici près :
Festins, fêtes, plaisirs, y sont en abondance.
L'heure s'écoule, ami ; tout fuit, la mort s'avance :
Les grands ni les petits n'échappent à ses lois ;
Jouis, et te souviens qu'on ne vit qu'une fois. »

Le villageois écoute, accepte la partie :
On se lève, et d'aller. Tous deux de compagnie,
Nocturnes voyageurs, dans des sentiers —
Se glissent vers la ville et rampent sous les murs.
La nuit quittait les cieux, quand notre couple avide
Arrive en un palais opulent et —
Et voit fumer encor dans des plats de vermeil
Des restes d'un souper le brillant appareil.
L'un s'écrie, et, riant de sa frayeur —
L'autre sur le duvet fait placer son convive,
S'empresse de servir, ordonner, disposer,
Va, vient, fait les honneurs, le priant d'excuser.

Le campagnard bénit sa nouvelle fortune ;
Sa vie en ses déserts était âpre, —
La tristesse, l'ennui, le travail et la faim.
Ici, l'on y peut vivre ; et de rire. Et soudain

Des valets à — bruit interrompent la fête.
On court, on vole, on fuit ; nul coin, nulle retraite.
Les dogues réveillés les glacent par leur voix ;
Toute la maison tremble au bruit de leurs abois.
Alors le campagnard, — de son délire :
« Soyez — dit-il ; adieu, je me retire,
Et je vais dans mon trou rejoindre en sûreté
Le sommeil, un peu d'orge et la tranquillité. »

André Chénier.

274. Exercice. — Mettre en prose les vers précédents. — Apprendre par cœur le même morceau.

275. Exercice oral ou écrit. — Lire ou copier les phrases suivantes en complétant les mots *nu* (n...), *demi* (d...), *feu* (f...), *mi* (m...), *semi* (s...), qu'on écrira selon la règle.

La méchanceté toute n... ne serait pas à craindre ; elle a ordinairement recours à l'hypocrisie pour cacher ses mauvais desseins.

Lorsque l'abbé de Figeac faisait son entrée dans la ville de ce nom, le seigneur de Montbrun, habillé en Arlequin et ayant une jambe n..., était obligé de le conduire à la porte de son abbaye, en tenant son cheval par la bride.

Les héros ou d...-dieux étaient des hommes qui s'étaient distingués par leurs vertus.

Adieu, mon cher ami, f... ma muse salue très humblement la vôtre, qui se porte bien. (Voltaire.)

Les ais d...-pourris que l'âge a relâchés
Sont à coups de maillet remis et rapprochés.   (Boileau.)

F... votre mère unissait la bonté du cœur à l'élévation de l'esprit.

Au mardi gras, le doyen des bouchers de Saint-Maixent, en Poitou, un genou en terre et n...-tête, baisait le marteau de la porte du seigneur.

La f... reine de Tahiti était favorable à la France.

Goutte bien tracassée
Est, dit-on, à d... pansée.   (La Fontaine.)

Nous irons chasser en Champagne à la m...-septembre et nous reviendrons à Paris à la m...-octobre.

François I⁰ʳ disait à son fou, Triboulet, que si quelqu'un était assez hardi pour le tuer il le ferait pendre une d...-heure après.

« Ah! sire, dit Triboulet, s'il plaisait à Votre Majesté de le faire pendre une d...-heure auparavant! »

Je n'aime ni les d...-vengeances ni les d...-fripons.

Dans son enfance Henri IV courait n...-pieds, n...-tête avec les enfants de son âge.

On appelle s...-gothique l'écriture gothique altérée par un mélange de caractères romains.

276. Exercice oral ou écrit. — Écrire ou copier les phrases suivantes en remplaçant chaque tiret par un des mots *jaune foncé, jaune clair, vert brun, possible, proche, franc, bleu foncé, grand, grand, possible, proche, possible, violet noir, rouge sang, blanc pur, jaune citron, franc, haut, plein, grand, ci-inclus, franc, plein,* qu'on écrira selon la règle.

Les canaris ou serins sont ordinairement — ou — ou — ces couleurs sont fréquemment mêlées dans leur plumage.

Les pères qui donnent à leurs enfants le plus de douceurs — sont faibles et se croient tendres.

Les maisons qui sont bâties — des rivières sont exposées à des brouillards malsains.

Par économie envoyez — de port toutes vos lettres.

On trouve, dans plusieurs parties de la France, des gentianes — d'un éclat merveilleux.

Un vieux conte nous dit que le petit Chaperon rouge, allant voir sa mère — rencontra un loup qui lui fit — peur.

Laissez échapper dans vos devoirs le moins de fautes —

Les maisons — de la Seine sont exposées aux inondations.

Ulysse en revenant à Ithaque éprouva tous les malheurs —

Il y a des roses des nuances les plus bizarres : on en cultive qui sont —, —, —, —; mais on n'en produit jamais de bleues.

On doit toujours envoyer — de port les cadeaux qu'on offre soit à un étranger, soit à un ami.

> La grammaire qui sait régenter jusqu'aux rois
> Et les fait, la main — obéir à ses lois.

Si vous laissez faire votre frère, il mettra des livres — la maison.

Rien n'est plus doux, plus indulgent, plus tendre que l'amour d'une — mère pour ses petits-enfants.

Vous trouverez — votre lettre que je vous renvoie — de port.

Il a rapporté assez d'oiseaux pour en faire une volière — .

277. Exercices oraux ou écrits. — A quelles remarques de grammaire historique peuvent donner lieu les adjectifs en *italique* dans les phrases suivantes:

Qui est le *stupide* que la beauté d'un tel spectacle n'élève à la contemplation? (MALHERBE, XVIᵉ siècle.)

La férocité naturelle fait moins de *cruels* que l'amour-propre. (LA ROCHEFOUCAULD.)

Transforme en *généreux* les cœurs les plus avares.

(CORNEILLE.)

Ce qui est dans les *grands* splendeur, somptuosité, magnificence, est dissipation, folie, ineptie dans le *particulier*. (LA BRUYÈRE.)

Elle monta seule et *nus* pieds à l'échelle. (SÉVIGNÉ.)

Je ne songe seulement pas à me recoiffer, et je suis *nue* tête. (MARIVAUX.)

De *demie* lieue [il] ne dist ne o ne non. (*Saxons*, XIIᵉ siècle.)

A la cruelle bataille devant Constantinople moururent *feuz* de bonne mémoire les rois Lisuart et Perion. (*D. Flores de Grèce*, XVIᵉ siècle.)

Moult fu *grans* la renommée par les terres. (VILLEHARDOUIN, XIIIᵉ siècle.)

Grands chaînes d'or, dont maint beau corps est ceint. (MAROT, XVIᵉ siècle.)

Tous les autres bateaux perirent, *exceptée* la nacelle ou estoient ces deux petits enfants. (AMYOT, XVIᵉ siècle.)

Ils mirent le feu aux maisons qui étoient le plus *proche* de la muraille. (D'ABLANCOURT.)

SECTION II

ADJECTIFS NUMÉRAUX

278. Exercice oral ou écrit. — Lire ou copier les phrases suivantes en écrivant en lettres les nombres.

En 1580, Philippe II, roi d'Espagne, fut déclaré tyran et solennellement déchu de son autorité dans les Pays-Bas.

La première invasion des Gaulois arriva sous le règne de Tarquin, environ l'an du monde 3416.

L'Europe a 10 000 000 de kilomètres carrés de superficie.

A la bataille navale de Salamine, la flotte des Grecs était composée de 380 navires, et celle de Xerxès de plus de 1300.

L'historien grec Hérodote prétend que le total des soldats qui composaient l'armée des Perses était de 5 283 220.

Dix pièces de 20 francs font 200 francs.

Charlemagne fut sacré empereur à Rome en l'an 800.

Les hommes d'autrefois vivaient, dit-on, 200 et même 300 ans; aujourd'hui on est bien vieux à 90 ans.

On disait autrefois *six* 20 au lieu de 120.

Vers l'an 1200 de notre ère, Alexis fit crever les yeux à son frère Isaac l'Ange, et s'empara du trône de Constantinople.

J'écris ce volume en 1889.

Certains vaniteux n'aiment à compter leur fortune que par 1000 et par 100.

Le monde devait finir en l'an 1000; aussi l'on donnait alors tout son bien aux pauvres et aux églises.

Les *milles* marins ont environ 250 mètres de plus que les *milles* anglais.

Pensez 2 fois avant de parler 1 et vous parlerez 2 fois mieux.

Une peste affreuse ravagea la France en 1348.

En 1696, Louis XIV battit monnaie avec de la cire et du parchemin, comme dit Saint-Simon, c'est-à-dire qu'il anoblit 500 personnes moyennant finance.

En 1889, la Bibliothèque nationale contient près de 2 000 000 de volumes imprimés, sans compter les doubles, ni les livres de la salle publique. La longueur des rayons occupés par ces collections dépasse 34 000 mètres. Les in-octavo sont de beaucoup les plus nombreux et remplissent à eux seuls plus de 23 000 mètres de tablettes.

SECTION III

ADJECTIFS POSSESSIFS

279. Exercice oral ou écrit. — Lire ou copier les phrases suivantes en remplaçant chaque tiret par l'article ou l'adjectif possessif.

Mon ami a perdu — vie dans une grande bataille contre les Allemands.

Un bon pasteur tond mais n'écorche pas — brebis.

L'homme trop adroit est souvent victime de — propre artifice.

Jeanne d'Arc disait : « Je n'ai jamais vu le sang couler sans sentir — cheveux se dresser sur — tête ».

Tout vouloir est d'un fou, l'excès est — partage.
La modération est le trésor du sage;

Il sait régler — goûts, — travaux, — plaisirs,
Mettre un but à — course, un terme à — désirs.
(VOLTAIRE.)

Le lit le plus dur paraît bien doux quand on s'est tenu toute la journée sur — jambes.

Les Francs portaient — barbe courte et tressée ; Charlemagne et les Carolingiens portèrent la barbe de plus en plus courte. François Ier, ayant été blessé à — tête, se fit raser les cheveux, mais laissa croître — barbe, ce qui ramena la mode des barbes longues.

Lorsque d'un saint respect tous les Persans touchés
N'osent lever — fronts à la terre attachés. (RACINE.)

Aimer à lire, c'est échanger contre des heures délicieuses les heures d'ennui qu'on doit avoir en — vie.

Le cheval est une créature qui renonce à — être pour n'exister que par la volonté d'un autre.

Chien hargneux a toujours — oreille déchirée. (LA FONTAINE).

280. Exercice oral ou écrit. — Lire ou copier les phrases suivantes en remplaçant chaque tiret par *son, sa, ses* ou *en,* selon la règle.

Cette maison est mal située, il faudrait pouvoir l'ôter de — place.

La bonté n'est pas le fruit de la réflexion ; aussi l'hypocrisie peut — donner l'apparence, mais jamais la réalité.

Les parents trop faibles pour — enfants veulent toujours excuser — défauts.

Néron, bourreau de Rome, — était l'histrion. (DELILLE.)

La ville a — agréments ; la campagne a les siens.

Loin de ses belles montagnes, le paysan suisse — garde le souvenir.

Soyez moins épineux dans la société : c'est la douceur des mœurs, c'est l'affabilité qui — fait le charme. (VOLTAIRE.)

Les courtisans sont des jetons,
— valeur dépend de — place :
Dans la faveur des millions
Et des zéros dans la disgrâce.

281. Exercice oral ou écrit. — Lire ou copier les phrases suivantes en mettant *leur* et le nom ainsi que l'adjectif suivants au singulier ou au pluriel selon la règle.

Le repos n'est légitime que pour les vieillards qui ont bien employé *leur vie* au profit de la société, de *leur pays* ou de *leur famille.*

Les rêves des méchants sont *leur premier supplice.*

Les éléphants détruisent dix fois plus de plantes avec *leur pied* qu'ils n'en consomment pour *leur nourriture.*

Des animaux les uns servent à porter des fardeaux, comme le cheval et le chameau; d'autres servent par *leur force*, comme les bœufs, à suppléer à ce qui manque à notre force bornée; puis ce même animal devient notre aliment; d'autres, comme les brebis, nous nourrissent de *leur lait* et nous vêtent de *leur laine.*

Qu'il est grand, qu'il est doux de se dire à soi-même :
Je n'ai point d'ennemis, j'ai des rivaux que j'aime :
Je prends part à *leur gloire*, à *leur mal*, à *leur bien*;
Les arts nous ont unis, *leur beau jour* sont les miens.

La plupart des hommes emploient la première partie de *leur vie* à rendre l'autre misérable.

Sont dispensés du service militaire les jeunes gens que *leur infirmité* rendent impropres à tout service actif.

Leur ambition croissant avec *leur richesse* de marchands, les Carthaginois devinrent conquérants.

Quand les citoyens influents à Rome s'étaient ruinés par *leur luxe* et *leur folle prodigalité*, ils se faisaient envoyer comme gouverneurs dans des provinces où ils refaisaient *leur fortune* par *leur vol* et *leur exaction.*

SECTION IV

ADJECTIFS INDÉFINIS

282. Exercice oral ou écrit. — Lire ou copier les phrases suivantes en remplaçant chaque tiret par *chaque* ou *chacun* selon la règle.

A — jour suffit sa peine.
— a son défaut où toujours il revient. (LA FONTAINE.)

— âge a ses plaisirs, — état a ses charmes;
Le bien succède au mal, les ris suivent les larmes. (DELILLE.)

Après les victoires des guerres médiques, — en Grèce s'adjugea le premier prix de la valeur; mais tous accordèrent le second à Thémistocle.

Le soleil, dit l'Écriture, sait où il doit se coucher — jour.

Le sens commun n'est pas chose commune;
— pourtant croit en avoir assez. (VALAINCOURT.)

— passion nous parle un langage différent et trouve d'excellentes raisons pour nous persuader.

Chose étrange de voir comme avec passion
Un — est chaussé de son opinion. (MOLIÈRE.)

283. Exercice oral ou écrit. — Lire ou copier les phrases suivantes en remplaçant chaque tiret par *même* qu'on écrira selon la règle.

Les — remèdes ne conviennent pas à tout le monde.

De telles perfidies sont rares, — chez les sauvages.

Les enfants, les hommes — sont bien peu raisonnables quand ils sont réunis en grand nombre.

Les animaux, — les plus féroces, se laissent gagner par la douceur.

Les anciens auteurs comiques se moquaient des dieux — au théâtre.

Vouloir les — biens, repousser les — maux, autrement dit avoir les — sympathies et les — antipathies, voilà ce qui fait la solide amitié.

La civilité est l'art de rendre ceux avec qui nous vivons contents de nous et d'eux —

Lycurgue, le législateur de Sparte, voulait que les enfants, les jeunes filles —, fussent exercés à la course, à la lutte, à tous les exercices du corps.

Une grande fortune, un bien-être extrême, des gâteries exagérées finissent toujours par pervertir les enfants, — les mieux doués.

Les amis, — les plus chers, se rendent importuns par trop de prévenances et de soins.

On a dit plaisamment, en parlant de ces braves soldats qui marchent toujours en avant sur le champ de bataille, que c'étaient toujours les — qui se faisaient tuer.

Montaigne disait qu'il aimait tout dans Paris, — ses verrues.

Une minute est chère et pour la ménager
Jusqu'aux syllabes — il faut tout abréger.
                                (F. DE NEUFCHATEL.)

Les bienfaits — doivent être accompagnés d'un sourire obligeant.

284. Exercice oral ou écrit. — Lire ou copier les phrases suivantes en remplaçant chaque tiret par *quelque* qu'on écrira selon la règle.

— récompenses judicieusement distribuées suffisent à enflammer l'ardeur même des indifférents.

En — circonstances il est habile de ne pas montrer trop d'esprit.

Que restera-t-il des auteurs de notre siècle? Peut-être de quoi composer — livres de morceaux choisis.

Nous qui sommes modernes, nous serons anciens dans — siècles.

L'immense armée de Xerxès fut arrêtée aux Thermopyles par — centaines de Spartiates.

Que de gens ont dû leur réputation d'homme d'esprit à — bons mots adroitement placés.

Dans — cent ans l'homme voyagera sans doute dans les airs et au fond des mers.

En toute chose fais ce que tu dois, et — soit l'opinion du vulgaire, ne t'en inquiète jamais.

— soient les richesses des rois, ils sont souvent bien malheureux.

Les honneurs sont toujours recherchés, — vains qu'ils paraissent.

C'est la manie de — esprits bornés de trouver toujours mal tout ce qui se fait dans leur pays.

Qui sait si dans — milliers d'années les mers et les continents n'auront pas changé de place?

— soient les circonstances, souvenez-vous qu'il ne faut pas seulement paraître juste, mais l'être.

Le pouvoir suprême a toujours été recherché, — lourdes responsabilités qu'il mette sur les épaules.

285. Exercice oral ou écrit. — Lire ou copier les phrases suivantes en remplaçant chaque tiret par *tout* qu'on écrira selon la règle.

L'imagination est une lentille qui grossit — les objets.

— révélation d'un secret est la faute de celui qui l'a confié.

Les dunes, — mobiles qu'elles sont, ont été fixées par les plantations de Brémontier.

Les anciens disaient que l'amour de la patrie renferme — les affections.

La grammaire, — aride qu'elle paraît à la jeunesse, a cependant des côtés très attrayants.

Athènes fut la plus savante et la plus polie de — les villes de la Grèce.

Les conquérants sont — tombés victimes de leur insatiable ambition.

La mer, — perfide qu'elle est, exerce toujours un invincible attrait sur les jeunes gens.

Attendez le moment d'agir et donnez-vous ensuite — entiers à cette affaire.

Les mères sont — émues en voyant leurs enfants devenir soldats.

> Car on doit souhaiter, selon — justice,
> Que le plus coupable périsse. (LA FONTAINE.)

Avec la multiplication des livres, aujourd'hui, rien que pour étudier une question, il faut consulter — une bibliothèque.

— médisance est une méchanceté; — calomnie est une lâcheté.

Les Anglais eux-mêmes étaient — attendris du sort de Jeanne d'Arc.

Si la capitale de la France eût été Lyon ou Bordeaux au lieu de Paris, notre langue eût été — autre.

On peut dire, en parlant des heures, que « — nous blessent et la dernière nous tue ».

A — heure, en — lieux il faut veiller sur nous-mêmes et réprimer nos mouvements d'humeur.

Les Carthaginois étaient — yeux et — oreilles aux récits d'Énée.

L'histoire n'est le plus souvent qu'un recueil de misères de — sorte.

La science, — attrayante qu'elle est, ne suffit pas toujours à nous consoler de la misère et de l'isolement.

Le coq qui trouva une perle aurait préféré — autre aubaine.

Certaines gens sont — feu et — flamme pour entreprendre, mais de glace pour persévérer.

L'Afrique — entière est ravagée chaque année par les marchands d'esclaves.

Nos stations d'hiver de la Provence sont — aussi belles que les stations italiennes.

---

286. Exercices oraux ou écrits. — À quelles remarques de grammaire peuvent donner lieu les adjectifs en *italique* dans les phrases suivantes?

Il y avait six *vingt* mille hommes ensemble sur quatre lignes. (Racine.)

On y voit des vieillards de cent et six *vingts* ans, qui ont encore de la gaieté et de la vigueur. (Fénelon.)

La nuit du *trente-unième* mai. (Id.)

Il reçut sur *sa* tête un coup de sabre. (Racine.)

Les gens de bien *même* tombent dans ces infidélités. (Fléchier.)

> Le chagrin me paraît une incommode chose;
> Je n'en prends point pour moi sans bonne et juste cause;
> Et *mêmes* à mes yeux cent sujets d'en avoir
> S'offrent le plus souvent que je ne veux pas voir. (Molière.)

> Après avoir ainsi traité
> Et la *même* innocence et la *même* bonté. (Id.)

Obligez nous bâiller par *chascun* an deux millions d'or. (Rabelais, xvi° siècle.)

> Et les larmes de la paupière
> Sèchent d'elles-*même* à nos yeux. (Lamartine.)

Vous allez épouser *quelques* cent mille écus. (Dorat.)

De *quelques* belles paroles que vous ayez accompagné l'excuse de votre silence, je ne la saurois prendre que pour une accusation du mien. (Malherbe, xvi° siècle.)

Pour moi, j'étois *toute* ébaubie. (Sévigné.)

Je veux bien l'immoler *toute* entière (ma gloire) à mon roi. (Corneille.)

Elle est *toute* en larmes. (Racine.)

Une force et une dignité *toute* édifiante. (Id.)

Votre âme en m'écoutant paraît *toute* interdite. (Id.)

287. Exercice. — Copier le morceau suivant en le transcrivant avec l'ortho-graphe actuelle.

Mort du comte d'Egmont et du comte de Horn

Sur les onze heures du soir on leur vint annoncer leur arrêt, pour avoir le lendemain leurs testes tranchées.

Le Comte d'Egmont, qui dormoit lors, trouvant fort estrange une si triste nouvelle, s'estomacha et s'altera outre mesure, et avec grande exclamation demanda comment il estoit possible qu'on le voulust traitter de ceste façon ; ne pensant avoir fait aucune chose, contre le service de Dieu ny de sa Majesté, indigne de son devoir?

Le Comte de Horn du commencement ne se put bien asseurer et se resoudre, se despita outre mesure, maugreant et regrettant fort sa mort, et se monstrant quelque peu opiniastre en la confession, la rejettant fort, et disant qu'il s'estoit assez confessé. Toutes-fois aprés avoir songé a soy, et digeré son fait, et comme qu'il n'y avoit nul remede pour la prolongation de la vie, enfin de son propre mouvement il demanda un confesseur, et continua depuis à user d'apparence de bon chrestien et catholique, et non sans grande contrition de ses fautes : et en ces alteres ils demeurerent jusques à neuf heures du lendemain au matin, ne parlans d'autre chose que de leur fait de conscience, et du tort qu'on leur faisoit, au respect de la fidelité et obeïssance qu'ils avoient toujours portée à leur Prince. En aprés le Comte d'Egmont commença à solliciter fort l'advancement de sa mort, disant : que puisqu'il devoit mourir, qu'on ne le devoit pas tenir si longuement en ce travail. Sur les dix heures, on le tira dehors, et il fut conduit sur l'eschaffaut, accompagné du Maistre de Camp et du Capitaine Salines, d'aucuns prestres, et de l'Evesque d'Ipre son confesseur. Il estoit vestu d'une juppe de damas cramoisi, et d'un manteau noir avec du passement d'or, les chausses de taffetas noir, et les bas de chamois bronzé, son chapeau de taffetas noir couvert de force plumes blanches et noires, et un mouchoir ouvré en la main, sans qu'il eust les mains liées aucunement; lesquelles on lui avoit laissées libres sur sa parole de cavalier, et qu'il ne donneroit aucun empeschement, par lequel le bourreau peust faillir son coup. Il n'estoit suivy ny de bourreau ny de sergents : bien est-il vray que le Prevost se tenoit auprès de l'eschauffaut avec une baguette rouge, pour representer la Justice : et allant audit eschaffaut ainsi accompagné, il passa au travers de toutes les compagnies que nous avons dit cy dessus, et qui estoient toutes en bataille; et en passant au beau milieu il saluoit et disoit adieu à tous les capitaines et soldats qui estoient là, lesquels pleuroient et regrettoient de voir un si grand capitaine mourir ainsi. Puis estant monté sur l'eschaffaut, qui estoit tendu tout de drap noir, il se mit à genoux, puis jettant les yeux vers le ciel, il commença à haute voix à faire quelques clameurs et excla-mations, sur la contrition connuë de la repentance de ses infide-litez et desobeissances; tellement que le peuple en estoit esmeu à grande pitié : et bien-tost aprés il se despoüilla son manteau et sa juppe, et se remettant à genoux il laissa son chappeau sur ses

yeux, et puis dit l'oraison, *In manus tuas, Domine*, etc. fort dévo-
tement : et comme il commençoit à la redire, le bourreau, qui
s'estoit tousjours tenu caché, commença à paroistre, qui luy enleva
et fit sauter la teste de dessus les espaules fort dextrement. Le
corps fut incontinent levé et couvert de drap noir.

Le Comte de Horn suivi bien-tost aprés, qui fut depesché de
mesmes. Il ne fit point de si belles prieres, que le comte d'Egmont;
il ne pria que le peuple de prier Dieu pour luy. Leurs testes furent
posées sur des bassins, et demeurerent en spectacle l'espace de
deux heures.   BRANTÔME (1527-1614).

CHAPITRE IV

SYNTAXE DU PRONOM

SECTION I

PRONOMS PERSONNELS

288. Exercice oral ou écrit. — Lire ou copier les phrases suivantes en remplaçant chaque tiret par un pronom s'il y a lieu.

« Nous mourrons, mais — ne sacrifierons pas à vos dieux », s'écriaient les martyrs devant leurs persécuteurs.

Le jeune chien est amusant à voir sur une route. Il va, — vient, fait cent tours, — revient, — repart. Au bout de la course, il a fait dix fois plus de chemin que son maître.

Le chef dit à la sentinelle : « Vous resterez là, et — ne bougerez pas ».

Qu'est-ce que l'homme sur la terre ? Il paraît, — pleure, — rit, — disparaît. C'est sa vie.

> Quand le moment viendra d'aller trouver les morts,
> J'aurai vécu sans soins, et — mourrai sans remords. (La Fontaine).

L'expérience nous démontre que l'on n'a rien sans peine. Or nous n'aimons pas à travailler, et — voulons réussir.

Imitons le sage : il ne dit ni — ne fait rien qu'il puisse se reprocher.

On peut dire à la plupart des hommes : « Vous cherchez et — trouvez de bons exemples, et — ne les suivez pas ».

« Je veux et — ne veux pas », telle pourrait être la devise des gens irrésolus.

Boileau dit quelque part en parlant de la concision dans le style :

> J'évite d'être long et — deviens obscur.

Vous ne cherchez pas le malheur et — le trouvez. Vous cherchez le bonheur et — ne le trouvez pas.

Nous pourrions éviter souvent des querelles, mais — ne le voulons pas.

289. Exercice oral ou écrit. — Lire ou copier les phrases suivantes en remplaçant chaque tiret par l'un des pronoms *moi*, *toi*, *lui*, *eux*, *soi*, selon la règle.

—, des tanches! dit-il ; —, héron, que je fasse
Une si pauvre chère! et pour qui me prend-on? (La Fontaine).

Si —, vous faites votre devoir, soldats, —, je me fais fort de vous assurer la victoire.

De tous les sculpteurs qui vécurent au temps de Pierre Puget, — fut le plus grand et le moins honoré à la cour de Louis XIV.

Louis IX eut à cœur de protéger les faibles : — rendait la justice à tous sous le chêne de Vincennes.

Il faut penser plus aux autres qu'à —.

Qui saura vous venger de cet outrage? — —.

Pour être heureux il faut savoir regarder de plus petits que —.

Et —, qui l'amenai triomphante, adorée,
Je m'en retournerai seule, désespérée.   (Racine.)

Les conquérants n'aiment pas à confier à leurs généraux le soin de remporter des victoires : — marchent à la tête de leurs armées.

Philémon et Baucis, modèles d'une longue et parfaite union, furent changés par Jupiter, — en chêne, — en tilleul.

La Fontaine nous dit en parlant de ces vieillards fortunés :

— seuls, ils composaient toute leur république.

—, mes enfants, oublier la discipline! Que diriez-vous d'une armée qui se révolterait contre son chef. Mais — ne serez-vous pas soldats un jour?

Lorsque vous voyez un homme de cœur faire une belle action, promettez-vous d'agir comme — en pareille circonstance.

César, apercevant Brutus parmi ses assassins, ne lui dit que ces mots : — aussi, mon fils!

290. Exercice oral ou écrit. — Lire ou copier les phrases suivantes en remplaçant chaque tiret par *le, la* ou *les.*

Nous nous tourmentons moins pour devenir heureux que pour faire croire que nous — sommes.

Veillez sur vos pensées; quand elles seront pures, vos actions — seront aussi.

Il ne nous suffit pas d'admirer les apôtres de la justice, il faut que que nous — devenions nous-mêmes.

Aimer ceux qui sont bons est bien, mais prouver par nos actes nous — sommes aussi est mieux.

La France dit à chacun de nous : « Tu cherches la gardienne des traditions de tes ancêtres, je — suis. Tu me demandes si je suis jalouse de l'honneur de mes enfants; tu sais que je — suis. »

Quand on reçoit une remontrance méritée, il faut se — tenir pour dit une fois pour toutes.

« Êtes-vous hérétique? disaient les Anglais à Jeanne d'Arc. — Non, je ne — suis pas. — Êtes-vous cette femme qui commandait les ennemis? — Oui, certes, je — suis. »

Que d'infortunées Africaines, esclaves encore, qui pourraient dire : « Mère, je l'étais hier, je ne — suis plus : on a tué mon enfant comme un bagage inutile. »

Il faut traiter ceux qui — prennent de haut avec vous, comme ils méritent de — être, avec mépris.

La même justesse qui nous fait écrire de bonnes choses, nous fait appréhender qu'elles ne — soient pas assez pour mériter d'être lues.

Minerve fut la protectrice d'Athènes, elle — fut de Rome aussi.

Si nous sommes les vrais successeurs de nos ancêtres, et nous — sommes, nous devons travailler à la régénération de la patrie.

Les âmes d'élite seules se trouvent satisfaites d'avoir accompli le bien; les autres ne — sont pas, mais recherchent sur-le-champ la récompense de leurs bonnes actions.

291. Exercice oral ou écrit. — Lire ou copier les phrases suivantes en remplaçant chaque tiret par *en, y, lui, eux, elle* ou *soi.*

Les hommes de haute taille ont de tout temps été recherchés comme soldats; les princes se sont plu à — faire leurs gardes d'honneur.

Quand on voit la mer calme, on — est épris; on — ferait ses
plus chères délices; mais quel effroi elle inspire quand elle est en
fureur.

La maison des grands hommes est toujours curieuse à examiner; on — peut découvrir les habitudes de ceux que la foule s'est
habituée à considérer comme des êtres extraordinaires.

Vivre de —, pour —, rapporter tout à —, c'est la devise de
l'égoïste.

Ne craignez pas d'être ardent au travail pendant votre jeunesse,
vous — recueillerez les fruits plus tard.

La vertu aimable laisse après — des souvenirs exquis.

Les mauvais livres laissent après — un poison qui corrompt
notre âme et altère notre goût.

Qui supposerait, en voyant le charbon, que les molécules du dia-
mant — sont contenues.

Quand notre état ou nos fonctions nous éloignent des pauvres et
des malheureux, avons-nous le soin d'— penser pour leur porter
secours?

Le sage se demande à — -même la cause de ses fautes : l'insensé
la demande aux autres.

La philosophie triomphe aisément des maux passés, mais les maux
présents triomphent d'—.

292. Exercices oraux ou écrits. — A quelles remarques de grammaire
peuvent donner lieu les phrases suivantes ?

Voulez-vous avoir *grâce*? faites-*la*. (MALHERBE, XVI⁰ siècle.)

Il y a toujours de quoi *se* réjouir quand *nous* voyons notre ami
joyeux. (Id.)

Le voyant si sincère, je *la* suis aussi. (SÉVIGNÉ.)

On ne peut être plus contente d'une personne que je *la* suis de
vous. (Id.)

Le silence est le parti le plus sûr de celui qui se défie de *soi-même*.
(LA ROCHEFOUCAULD.)

Qu'un moment de repos *me* va coûter de pleurs ! (RACINE.)

Par des faits glorieux tu *te* vas signaler. (Id.)

Je *lui* veux bien encore accorder cette joie. (Id.)

Quand je me fais *justice*, il faut qu'on se *la* fasse. (Id.)

Il se mouche sous son chapeau, il crache presque sur *soi*. (LA
BRUYÈRE.)

293. Exercice. — Mettre en prose les vers suivants. — Apprendre par cœur le même morceau.

Conseils des champs

Après vos sœurs et votre mère,
Enfant, au cœur tendre et soumis,
Que la nature vous soit chère:
Les champs sont vos meilleurs amis.

L'air des champs donne avec largesse
Comme un autre lait maternel;
Il fait croître en âge, en sagesse,
L'enfant placé là par le ciel.

C'est la voix du monde champêtre,
L'aspect des prés verts, du lac bleu,
Qui vous feront le mieux connaître
Et chérir la bonté de Dieu.

Aimez donc les bois, la fontaine,
L'étang bordé de longs roseaux,
Les petites fleurs, le grand chêne,
Tout peuplé de joyeux oiseaux.

Aimez cet arbre aux fortes branches;
Voyez, sous son feuillage épais,
Comme l'œil bleu de ces pervenches
Dans l'ombre vous sourit en paix.

Imitez les grands bras du chêne
Qui lutte avec le vent du nord;
Endurcissez-vous à la peine,
C'est en luttant qu'on devient fort.

Loin de vous une enfance molle!
Du laboureur, du bûcheron,
Suivez, enfant, la rude école;
L'homme fort peut seul être bon

Pour faire ainsi vos jours utiles
Et doux à ceux que vous aimez,
Profitez des leçons fertiles
Dont les champs sont partout semés.

Partout la nature sereine
Offre l'aide avec le conseil :
Semez, enfant, la bonne graine,
Dieu vous donnera le soleil.　　V. DE LAPRADE.

SECTION II

PRONOMS DÉMONSTRATIFS

204. Exercice oral ou écrit. — Lire ou copier les phrases suivantes en remplaçant chaque tiret par les pronoms *celui-ci* ou *celui-là*, *celle-ci* ou *celle-là*, *ceci* ou *cela*, etc.

Les Macédoniens devaient vaincre les Perses; — étaient endurcis aux fatigues de la guerre; — étaient amollis par les délices et surtout mal conduits et mal armés.

La Grèce n'eut rien à envier aux autres nations tant qu'Athènes et Sparte vécurent unies : — donnait des soldats, — des artistes et des poètes.

Ne vous glorifiez pas des quelques avantages physiques que la nature vous a donnés; laissez — aux vaniteux.

Démocrite et Héraclite étaient deux philosophes aux idées bien opposées : — pleurait sur la folie humaine, — en riait sans cesse.

On dit qu'Hercule se trouva un jour devant deux routes : celle du plaisir, celle de la vertu : il prit — quoique — lui parût bien tentante.

Corneille et Racine furent les plus grands poètes tragiques du xvii siècle. On a dit d'eux que — peignait les hommes tels qu'ils sont, que — les peignait tels qu'ils devraient être.

Jeanne d'Arc et Jeanne Hachette donnèrent dans le même siècle l'exemple du plus grand héroïsme : — en sauvant Beauvais, — en sauvant la France.

Bien faire et laisser dire : — s'adresse à ceux que pourrait intimider la calomnie.

Chemin faisant il vit le cou du chien pelé :
« Qu'est— —? lui dit-il. — Rien. — Quoi! rien? — Peu de chose !»
　　　　　　　　　　　　　　　　(LA FONTAINE.)

　　L'un n'avait en l'esprit nulle délicatesse,
　　L'autre avait le nez fait de cette façon—,
　　　　C'était —, c'était —. (Id.)

Mazarin succéda à Richelieu. On peut dire de — qu'il fut un grand ministre et de — un très habile ministre.

La bonne littérature est — qui, transportée dans la pratique, fait une noble vie.

SECTION III

PRONOMS POSSESSIFS

295. Exercice oral ou écrit. — Lire ou copier les phrases suivantes en remplaçant chaque tiret par un pronom possessif.

Vous blâmez la conduite de cet homme, la — est-elle plus sage? Vous critiquez ses dépenses, les — sont-elles plus raisonnables?

Risquer une guerre contre Rome, c'était s'exposer soi et les — à la défaite, à la mort ou à la captivité.

Les Français ont battu les Arabes ; cependant notre armée était moins nombreuse que la — ; aussi y a-t-il une grande différence entre nos généraux et les — ; les — sont plus instruits et plus habiles.

Un égoïste ne s'inquiète pas des affaires des autres, il fait d'abord et toujours les —.

J'ai mon dieu que je sers, vous servirez le —. (RACINE.)

Les revers frappent toutes les nations; les plus puissantes mêmes ont les —.

Nous devons être indulgents pour les défauts d'autrui, si nous voulons qu'on nous pardonne les —.

Nous admirons à bon droit les laques que nous envoient les Chinois; les — sont plus solides mais moins élégants que les —.

La critique juste que nous adressons à un auteur sur ses ouvrages est la réponse que fait notre esprit au —.

Les gens sages conservent leurs amis, et les fous perdent les —.

Nos parents nous ont servi de protecteurs dans notre jeunesse : il faut que nous soyons plus tard les —.

Nos chevaux ont fait une même course. Le — mange son avoine, le — laisse la —.

Avez-vous un chagrin important : confiez-le à votre ami; votre affaire devient la — par l'affection qu'il vous porte.

Tous les arts ont leur histoire ; chaque science doit avoir la
—.

Voltaire nous raconte que, quelqu'un ayant demandé à Bossuet
quel ouvrage il eût mieux aimé avoir fait s'il n'avait pas fait les
—, celui-ci répondit : « Les *Lettres provinciales* » (de Pascal).

SECTION IV

PRONOMS RELATIFS

296. Exercice oral ou écrit. — Lire ou copier les phrases suivantes en
remplaçant chaque tiret par *qui, lequel, laquelle, dont* ou *de qui.*

Celui — règne dans les cieux, et — — relèvent tous les empires,
— — seul appartient la gloire, la majesté et l'indépendance, est aussi
le seul — se glorifie de faire la loi aux rois, et de leur donner,
quand il lui plait, de grandes et terribles leçons. (Bossuet.)

Si l'on savait toutes les conséquences — entraîne un premier
mensonge, on serait à jamais détourné de ce vice.

L'enfant discerne vite les maîtres — — il devra le plus de
reconnaissance, mais il oublie aussi promptement ceux de — il a
le plus reçu.

Les animaux — on refuse l'intelligence la plus élémentaire sont
guidés par un sûr instinct.

Les récifs — on se méfie le moins sont souvent les plus redoutables.

Voyez-vous cette main — par les airs chemine ?
Un jour viendra — n'est pas loin
Que ce qu'elle répand sera votre ruine. (La Fontaine.)

Pour faire le bien, l'intérêt et la peur sont deux sentiments
— ne s'arrête pas l'homme véritablement vertueux.

O mer, toi à -- tant d'êtres humains se confient, combien en
prends-tu chaque année en otage.

La destinée, — — on reproche tant de choses, nous ménage plus
d'une surprise agréable.

La Beauce est par excellence le grenier — une grande partie de
la France vient s'approvisionner.

Un sot trouve toujours un plus sot — l'admire.

L'arbre — on tire la gutta-percha croît à Bornéo et en Chine.

Le bonheur appartient à — fait des heureux. (Delille.)

297. Exercice oral ou écrit. — Lire ou copier les phrases suivantes en mettant à la personne convenable les verbes laissés à l'infinitif.

Il n'y a que Dieu et nous-mêmes qui *pouvoir* connaître le fond de notre cœur.

Nous voici qui *venir* mêler nos vœux aux vôtres en ce jour anniversaire.

Toi qui te *reposer* avant l'âge, prends garde d'être condamné à travailler sans merci dans ta vieillesse.

Nous sommes deux qui *désirer* voyager en Allemagne et *vouloir* avoir nos passeports.

C'est vous qui le premier *avoir* rompu nos fers. (VOLTAIRE.)

Vous qui *brûler* de commander, sachez d'abord obéir.

Geneviève et Jeanne d'Arc pourraient dire : Nous sommes les deux femmes qui *arrêter* les ennemis de la France.

Le Grand Condé est un des généraux les plus jeunes qui *illustrer* la France avant les Marceau et les Hoche.

Parmentier, en généralisant la consommation de la pomme de terre, est un des hommes qui *avoir* le mieux *servir* les pauvres.

N'accuse point ton sort, c'est toi seul qui l'*avoir* fait. (CORNEILLE.)

Les cigales ont l'art de rester invisibles : on les entend qui *chanter*, on ne saurait les distinguer de la branche qui les abrite.

L'humilité est une des vertus qui *être* le plus estimées, mais qui *attirer* bien peu de fidèles.

J'ai froid : vous qui *passer*, daignez me secourir.

Voyez : la neige tombe et la terre est glacée. (GIRAUD.)

Nous étions deux qui *partager* le même enthousiasme pour les expéditions lointaines.

Mon ami était un des hommes qui se *décider* le plus vite. Nous partîmes, mais hélas ! après deux ans d'absence je fus le seul qui *revoir* ma chère patrie.

Méfiez-vous des flatteurs : ils sont toujours là qui *guetter* leur proie.

Corneille, Racine, Molière, n'êtes-vous pas les trois plus illustre poètes qui *enrichir* la scène française ?

Je ne vois que nous deux qui *être* raisonnables. (COLLIN D'HAR-LEVILLE.)

298. Exercice oral ou écrit. — Lire ou copier les phrases suivantes en remplaçant chaque tiret par *dont, de qui,* ou *d'où.*

La gloire, à l'influence de — l'on rapporte les plus belles actions, ne suffit pas pour nous rendre honnêtes dans la pratique de la vie.

Les gens à l'avenir — nous nous intéressons emportent, en mourant prématurément, quelque chose de nos espérances.

Les maisons — sortirent les preux du moyen âge furent tout d'abord aussi humbles que les plus humbles de notre bourgeoisie actuelle.

Tous les animaux sont guidés par l'instinct de la conservation : c'est une vérité démontrée par l'expérience, — il ressort que l'homme qui se tue désobéit à la loi commune.

Les institutions pour le maintien — toute une génération a lutté peuvent être détruites par les générations suivantes.

La révolution — sortirent les libertés anglaises date déjà de deux siècles.

La ville — sortit le maréchal Fabert est Meaux; la famille — il descendait était des plus obscures.

Vauban fut un homme sur le caractère — les historiens font des éloges unanimes. Il eut la hardiesse de proposer à Louis XIV la diminution des impôts et leur juste répartition; c'était une réforme au succès de — le roi ne croyait pas.

Le quinquina, — l'on tire la quinine, était connu des habitants du Pérou avant l'arrivée des Européens en Amérique.

Les baleines, à la pêche — des centaines de marins sont exclusivement occupés, donnent chacune, en moyenne, soixante tonneaux de graisse, représentant une valeur de 20 000 francs environ.

La poche — la vipère tire son venin aboutit par une sorte de gouttière à la pointe de la dent, et se vide dans la plaie faite par la morsure du reptile.

Les chèvres avec la peau — on fait le maroquin peuplent surtout le midi de la France et l'Auvergne.

SECTION V

PRONOMS INDÉFINIS

299. Exercice oral ou écrit. — Lire ou copier les phrases suivantes en remplaçant chaque tiret par *on* ou *l'on* et en complétant les adjectifs.

Quand — est enfant, — va, — vient, — fait cent tours, et jamais — ne se fatigue.

— hait ce que — a : ce que — n'a pas, — l'aime.

— ne peut être bon... *direct...* d'une école de jeunes filles qu'après une longue expérience de l'enseignement.

Quand — veut être une femme utile à soi et aux autres, — doit être moins *fier* de sa beauté que des qualités de son esprit et de son cœur, — doit enfin se montrer plus *soucieu...* d'écouter que de parler.

Enfants, que — me laisse un instant : — reviendra quand j'aurai achevé ce travail.

Au collège — se levait tôt, — se couchait tôt, mais — dormait toujours les poings fermés : n'était-ce pas le bon temps?

Enfant, si — savait, vieillard, si — pouvait. Ce sera la perpétuelle question de tous ceux qui vivront jusqu'à un âge avancé.

Et vous à m'obéir, princes, que — se prépare. (RACINE.)

> On entre dans le monde, — en est enivré ;
> Au plus frivole accueil — se croit adoré.
> Que — hait un ennemi quand il est près de nous ! (RACINE.)

Dans la vie — est souvent *séparés* par les circonstances, mais — se rapproche toujours par la pensée.

> C'est d'un roi que — tient cette maxime auguste
> Que jamais — n'est grand qu'autant que — est juste.
>   (BOILEAU.)
> Ce que — conçoit bien s'énonce clairement. (Id.)

300. Exercice oral ou écrit. — Lire ou copier les phrases suivantes en remplaçant chaque tiret par *son, sa, ses* ou *leur, leurs*.

Toutes les nations barbares avaient chacune — manière de combattre et de s'armer. Cyaxare fut le premier, dit-on, qui fixa à chacun — rang, forma des corps armés de la même façon et distingua les fantassins des cavaliers.

Chacun loue ou blâme avec partialité, parce qu'il ne s'inspire que de — idées personnelles.

Chacun de nous a — devoir à remplir; faites le vôtre, je ferai le mien.

Chacun prend — plaisir où il le trouve, a dit le poète.

Il faut rendre à chacun selon — œuvres.

Jadis on se battait pour avoir le pillage du camp ennemi; après quoi le vainqueur et le vaincu se retiraient chacun dans — ville.

Pendant la Fronde les quartiers de Paris faisaient chacun — barricades.

Après une longue discussion, les adversaires se retirent gardant chacun — opinion première.

Heureux les hommes qui suivent une carrière chacun selon — goûts!

Les gens voient clairement les défauts d'autrui, ils oublient chacun les —

Les trois Parques avaient chacune — rôle : Clotho tenait le fuseau, Lachésis tournait le fil, Atropos le coupait.

En Orient, le chacal et l'hyène font chacun -- lugubre besogne de fossoyeurs.

Les hommes se doivent tous chacun à — famille, à — patrie, à — croyances.

Les chevaux d'Afrique ou d'Asie en venant dans nos climats ont fin par modifier chacun — tempérament.

Il est bien rare que toutes les villes n'aient pas chacune industrie privilégiée.

Sur les navires de guerre, même en cas de naufrage, la discipline est telle que les hommes restent chacun à — poste.

301. Exercice oral ou écrit. — Lire ou copier les phrases suivantes en remplaçant chaque tiret par la locution *l'un l'autre, les uns les autres* ou *l'un et l'autre.*

Tous ses projets semblaient — se détruire.

Pendant la Révolution, l'apathie des victimes et l'indifférence des bourreaux étaient également remarquables : la vie humaine ne semblait avoir de valeur *ni* pour — *ni* pour —

Souvent dans les combats deux compagnons d'armes se secourent —.

Puisse le ciel verser sur toutes vos années
Mille prospérités — enchaînées!

La Harpe nous dit que La Fontaine fut, ainsi que Corneille, oublié à la cour de Louis XIV : ils avaient été — mauvais courtisans. Entre nous autres auteurs, nous devons parler des ouvrages — avec beaucoup de circonspection. (Molière.)

Je vois sans me troubler — fortune.

Corneille et Racine, au lieu de se nuire — dans la postérité, ont chacun leur part de gloire immortelle, on les admire, on les aime — .

Quand on lit la vie des hommes illustres, on est tenté de leur passer leurs faiblesses — s'ils les rachètent par de grandes vertus.

On a vu des disettes telles, que les habitants de certaines contrées, pressés par la faim, en vinrent à se manger — .

Quand nous ne savons pas nous déterminer à suivre un avis parmi ceux qu'on nous donne, c'est que nous les croyons aussi bons ou aussi mauvais — que — .

Soyez-vous — un monde toujours beau,
Toujours divers, toujours nouveau. (La Fontaine.)

Si vos deux amis viennent, je leur dirai — que vous reviendrez bientôt.

302. Exercice oraux ou écrits. — A quelles remarques de grammaire peuvent donner lieu les phrases suivantes?]

Le sage est composé de deux pièces, l'une irraisonnable, l'autre raisonnable. C'est en *celle-là* que consiste le souverain bien de l'homme. (Malherbe, xvi° siècle.)

Aux plus beaux jours de juin et de juillet, il s'élève des tempêtes *à qui* décembre et janvier n'en ont point de pareilles. (Id.)

C'est un péril où il faut une froideur et une assurance *de qui* peu d'hommes sont capables. (Id.)

Le marché d'enclore les faubourgs dans la ville est fait, et y commencera *l'on* à ce printemps. (Id.)

Ainsi ce rang est *sien*, cette faveur est *sienne*. (Corneille.)

Les chrétiens n'ont qu'un Dieu, maître absolu de tout,
De qui le seul vouloir fait tout ce qu'il résout. (Corneille.)

Les vérités historiques *à qui* je me suis attaché. (Id.)

Loin de nous cette nuit *dont* nos âmes *couvertes*
Dans le chemin du crime ont erré si longtemps! (Racine.)

303. — Même exercice. (Même remarque.)

Elle débite à tout venant les choses les plus futiles et souvent *celles les plus ridicules*.

Je ne sais où la robe et l'épée ont puisé *de quoi* se mépriser réciproquement. (La Bruyère.)

La chose *sur quoi* il est permis de faire fond. (Id.)

Favorisez les jeux *où* mon esprit s'amuse. (La Fontaine.)

Aucun vœu ne m'échappe *où* j'ose consentir. (Corneille.)

J'apprends tout cela, *qui* est justement tout ce qui me peut être le plus agréable. (Sévigné.)

La cour a refusé le passeport, *qui*, à mon sens, est une chose ridicule. (La Rochefoucauld.)

Je n'ai trouvé que *vous qui fût* digne de moi. (Molière.)

Ce ne serait pas *moi qui se ferait* prier. (Id.)

Nous chercherons partout à trouver à redire,
Et ne verrons que *nous qui sachent* bien écrire.

Le *peuple* se rassembla, *qui* se mit à chercher le roi, et à demander *qu'il* estoit devenu. (Amyot, XVIᵉ siècle.)

C'est une des *personnes* du monde *qui a* le plus de bonnes qualités. (Sévigné.)

304. Exercice écrit. — Copier le morceau suivant en le transcrivant avec l'orthographe moderne.

La procession de la Ligue

La procession fut telle : Le dit recteur Roze, quittant sa capeluche rectorale, prist sa robe de maistre-ès-arts avec le camail et le roquet, et un hausse-col dessus; la barbe et la teste rasée tout de fraiz, l'espée au costé, et une pertuisane sur l'espaule. Les curés Amilton, Boucher et Lincestre, un petit plus bizarrement armés, faisoyent le premier rang, et devant eux marchoyent trois moynetons et novices, leurs robes troussées, ayants chacun le casque en

teste dessoubs leurs capuchons, et une rondache pendue au col, où
estoyent peinctes les armoiries et devises des dits seigneurs. Maistre
Julian Pelletier, curé de Saint-Jacques, marchoit à costé, tantost
devant, tantost derrière, habillé de violet en gendarme scholas-
tique, la couronne et la barbe faicte de fraiz, une brigandine sur
le dos, avec l'espée et le poignard, et une hallebarde sur l'espaule
gauche en forme de sergent de bande, qui suoit, poussoit et hale-
toit, pour mettre chacun en rang et ordonnance.

Puis suyvoient, de trois en trois, cinquante ou soixante religieux,
tant cordeliers que jacobins, carmes, capuchins, minimes, bons-
hommes, feuillants, et autres, tous couverts avec leurs capuchons
et habits, agraféz, arméz à l'antique. Entre autres il y avoit six capuchins ayant chacun un morion en teste, et au-dessus une plume
de coq revêtuz de cottes de mailles, l'espée ceinte au costé par
dessus leurs habits, l'un portant une lance, l'autre une croix, l'un
un espieu, l'autre une harquebuse, et l'autre une arbaleste, le tout
rouillé, par humilité catholique. Les autres presque tous avoyent
des piques qu'ils bransloyent souvent, par faute de meilleur passe-
temps, horsmis un feuillant boiteux qui armé tout à crud se faisoit
faire place avec une espée à deux mains, et une hache d'armes à
sa ceinture, son bréviaire pendu par derrière, et le faisoit bon veoir
sur un pied faisant le moulinet devant les dames.

A la queue, il y avoit trois minimes, tous d'une parure, sçavoir
est, ayants sur leurs habits chacun un plastron à corroyes et le
derrière descouvert, la salade en teste, l'espée et pistolet à la ceinture, et chacun une harquebuse à croc sans fourchette. Derrière
estoit le prieur des jacobins en fort bon poinct, trainant une hale-
barde gauchère, et armé à la légère en morte-paye; je n'y veys ni
chartreux ni célestins, qui s'estoyent excusés sur le commerce.
Mais tout cela marchoit en moult belle ordonnance, et sembloyent
les anciens cranequiniers de France. Ils voulurent en passant faire
une salve, ou escoupèterie; mais le légat leur deffendit, de peur
qu'il ne luy mésadvint, ou à quelqu'un des siens, comme au cardinal Cayetan.

Après ces beats pères marchoyent les quatre mendiants, qui
avoyent multiplié en plusieurs ordres tant ecclésiastiques que sécu-
liers; puis les paroisses; puis les Seize, quatre à quatre, réduits au
nombre des apostres et habillés de mesme, comme on les joue à la
Feste-Dieu. Après eux marchoyent les prévost des marchands et
eschevins, bigarrez de diverses couleurs, puis la cour de parlement
telle quelle.   SATIRE MÉNIPPÉE (1594).

305. Exercice écrit. — Copier les vers suivants en les transcrivant avec l'orthographe moderne.

Les mots nouveaux .

On a toujours permis, toujours permis sera
Faire naistre un beau mot, qui représentera
Une chose à propos, pourveu que sans contrainte
Au coin du temps présent la marque y soit emprainte.
Comme on void tous les ans les feuilles s'en aller,
Au bois naistre et mourir, et puis renouveler :
Ainsi le vieulx langage et les vieulx mots périssent,
Et comme jeunes gens les nouveaux refleurissent.

Tout ce que nous ferons est sujet à la mort ;
Ce qui fut terre ferme à cette heure est un port,
Œuvre haute et royalle : et maintenant la Seine
Pour enceindre la ville abandonne la plaine,
Comme ore en mainte part Loire a changé son cours,
Et sans plus nuire aux bleds, des prés est le secours.
Ainsi périront donc toutes choses mortelles ;
Aussi sera l'honneur des paroles plus belles :
Car si l'usage veut, plusieurs mots reviendront
Après un long exil, et les autres perdront
Leur honneur et leur prix, sortant hors de l'usage
Soubs le plaisir duquel se règle tout langage.

VAUQUELIN DE LA FRESNAYE (1536-1606).

CHAPITRE V

SYNTAXE DU VERBE

SECTIONS I, II

ACCORD DU VERBE AVEC LE SUJET

306. Exercice oral ou écrit. — Lire ou écrire les phrases suivantes en mettant au singulier ou au pluriel les verbes laissés à l'infinitif.

Quantité d'oliviers et d'orangers *être gelé* cet hiver en Provence.

Peu d'hommes *être disposé* à sacrifier leur ambition personnelle au bien de la république.

La multitude des soldats ne *pouvoir* passer par cette porte.

La plupart, emportés d'une fougue insensée.
Toujours loin du droit sens *aller* chercher leur pensée.

(BOILEAU.)

Beaucoup *penser* que le partage des biens n'a jamais été appliqué nulle part, pas même à Lacédémone.

On cite des femmes spartiates une foule de mots qui *annoncer* la force et le courage.

Une multitude de soldats *rester* ensevelis sous la neige pendant la terrible campagne de Russie.

Plus d'un navigateur *avoir* vainement tenté d'arriver jusqu'au pôle nord.

Beaucoup d'ignorants en *imposer* à la foule par la haute idée qu'ils ont de leur personne.

Tant de travail et de persévérance *sera* certainement *récompenser* un jour ou l'autre.

Une quantité d'Allemands, d'Anglais, d'Italiens, etc., *s'établir* en France et y *être reçu* à bras ouverts.

La plupart des hommes se *souvenir* bien mieux des services qu'ils rendent que de ceux qu'ils ont reçus.

On calcule que la moitié des individus qui naissent, *mourir* avant l'âge de vingt ans.

Le peu de rimes de notre langue *faire* que, pour rimer avec « hommes », on fait venir comme on peut « le siècle où nous sommes ».

Bien des gens se *plaindre* amèrement de la fortune, quand elle ne les favorise pas tout particulièrement.

Combien d'hommes *s'imaginer* qu'ils ont de l'expérience par cela seul qu'ils ont vieilli !

307. Exercice oral ou écrit. — Lire ou copier les phrases suivantes en mettant le verbe *être* au singulier ou au pluriel.

C'*être* le travail et l'exercice qui développent l'intelligence et la mémoire.

Les astronomes, qui prétendent connaître la nature des étoiles, assurent que ce *être* autant de soleils.

Nous croyons conduire nos enfants et ce *être* eux qui nous conduisent.

Les premières abbayes de la France remontent aux ive et ve siècles; ce *être* les monastères de Lérins et de Saint-Victor près de Marseille.

Mes enfants, c'*être* vous qui avez fait une sottise et ce *être* vos parents qui la payeront.

Ce *être* les Chaldéens qui les premiers observèrent le cours des astres.

Ce *être* les Corneille, les Molière, les Racine qui portèrent chez toutes les nations la gloire de notre langue.

Les Bénédictins avaient adopté le vêtement de tous les paysans de cette époque; c'*être* une robe d'étoffe grossière avec un capuchon qui pouvait se rabattre sur la tête.

Qu'*être* ce que ces petits boutons jaunes comme des têtes d'épingles qui sont au milieu de la marguerite? Ce *être* des fleurs. (Bernardin de Saint-Pierre.)

Les pires des ennemis, ce *être* les flatteurs; et les pires de tous les flatteurs, ce *être* les passions.

308. Exercice oral ou écrit. — Lire ou copier les phrases suivantes en mettant au singulier ou au pluriel les verbes laissés à l'infinitif.

Les grands n'ont besoin ni d'effort ni d'étude pour se concilier les cœurs : une parole, un sourire gracieux, un seul regard *suffire*.

Tombeaux, trônes, palais, tout périt, tout s'*écrouler*.

L'histoire ainsi que la physique n'*avoir commencé* à se débrouiller que vers la fin du seizième siècle. (VOLTAIRE.)

La tête ainsi que le col de l'autruche *être garni* de duvet.

La douceur, la bonté du bon roi Henri *avoir été célébrées* par mille louanges.

Il *être* des hommes que la résistance anime, d'autres qu'elle abat aussitôt.

> Humble au dehors, modeste est son langage;
> L'austère honneur est peint sur son visage.
> Dans ses discours *régner* l'humanité,
> La bonne foi, la candeur, l'équité.   (J.-B. ROUSSEAU.)

Grands, riches, petits et pauvres, personne ne *pouvoir* se soustraire à la mort.

Patience et succès *marcher* toujours ensemble.

L'éléphant, comme le castor, *aimer* la société de ses semblables.

Jamais peuple ne défendit mieux sa liberté que les Suisses; il ne leur *avoir manqué* que des poètes et des historiens.

> On dit que ton front jaune et ton teint sans couleur
> *Perdre* en ce moment son antique pâleur.   (BOILEAU.)

> Le juste, aussi bien que le sage,
> Du crime et du malheur *savoir* tirer avantage.   (VOLTAIRE.)

L'envie, de même que toutes les autres passions, *être* peu compatible avec le bonheur.

> L'ambition, l'amour, l'avarice, la haine,
> *Tenir*, comme un forçat, son esprit à la chaîne.   (BOILEAU.)

L'hirondelle, de même que la cigogne, *porter* bonheur, dit-on, à la maison où elle *venir* faire son nid.

> Un seul mot, un soupir, un coup d'œil nous *trahir*. (VOLTAIRE.)

309. Exercice oral ou écrit. — Lire ou copier les phrases suivantes en mettant au singulier ou au pluriel les verbes laissés à l'infinitif.

> Ni cet asile même où je la fais garder,
> Ni mon juste courroux n'*avoir pu* l'intimider.   (RACINE.)

Ni le bonheur ni le mérite ne *faire* l'élévation des hommes.

Connaître à fond les usages du monde ou les ignorer complètement nous *mettre* également à l'aise en société.

L'un et l'autre avant lui s'*être plaints* de la rime.   (Boileau.)

Ce ne *être* ni Pierre ni Paul qui *avoir* le prix d'histoire; ils sont tous deux trop paresseux.

Le bien ou le mal se *moissonner*, selon qu'on sème ou le mal ou le bien.

Ni l'amour ni la haine ne nous *suivre* dans le tombeau.

C'est le bon sens, et non l'esprit et les bons mots, qui *faire* la valeur morale de l'homme.

La vivacité ou la langueur des yeux *faire* un des principaux caractères de la physionomie.

Ils *vouloir* l'un et l'autre se promener; mais ils ne se *être promenés* ni l'un ni l'autre.

Quel que soit le talent de ces deux écrivains, ni l'un ni l'autre n'*obtenir* la place vacante à l'Académie.

310. Exercice oral ou écrit. — Lire ou copier les phrases suivantes en mettant au nombre et à la personne convenables les verbes laissés à l'infinitif.

Je suis Enée, le héros troyen qui *avoir* transporté sa famille et ses dieux sur les côtes du Latium.

Est-ce toi, chère Élise, ô jour trois fois heureux!
Que béni soit le ciel qui te *rendre* à mes vœux;
Toi qui, de Benjamin comme moi descendue,
Être de mes premiers ans la compagne assidue. (Racine.)

Alcibiade fut un de ceux qui *travailler* le plus efficacement à la ruine de leur patrie.

Une des choses qu'on imprimait le plus fortement dans l'esprit des Égyptiens, *être* l'estime et l'amour de leur patrie.

C'est Démosthène, un des plus grands orateurs de l'antiquité, qui *lutter* contre Philippe et *arrêter* pendant longtemps l'ambition de la Macédoine.

Le passage du Rhin est un des plus médiocres exploits qui *avoir* jamais *été célébré* en vers.

Fille d'Agamemnon, c'est moi qui la première,
Seigneur, vous *appeler* de ce doux nom de père. (Racine.)

. Chers enfants, écoutez-moi, car je suis le seul qui vous *connaître*
et qui *vouloir* vous avertir de vos fautes.

On cite ordinairement Titus comme un des meilleurs princes qui
avoir régné.

> Oiseau jaloux, et qui *devoir* te taire,
> Est-ce à toi d'envier la voix du rossignol? (LA FONTAINE.)

SECTION III

COMPLÉMENT DU VERBE

311. Exercice oral ou écrit. — Lire ou copier les phrases suivantes en
remplaçant chaque tiret par un second verbe. Ex. : *L'enfant doit* chérir *et
— ses parents*; écrivez : *L'enfant doit* chérir *et* respecter *ses parents.*

Il suffit d'une bonne parole pour relever et — le malheureux.

. Les paysans sèment et — le blé, bêchent et — la vigne; il faut
les aimer et les — , car ils sont utiles.

En 1560, Catherine de Médicis acquit et — le château de Che-
nonceaux.

> Moi que j'ose opprimer et — l'innocence! (RACINE.)

Pour avoir une marine, Colbert fit construire et — des vaisseaux, et pour avoir des marins il créa et — des écoles.

Il n'y a rien qui coûte davantage à approuver et à — que ce
qui est le plus digne d'admiration et de louanges. (LA BRUYÈRE.)

Les maîtres qui instruisent et — les enfants tiennent la place
des parents et ont droit à tous vos égards.

Est-ce par un ordre secret de la Providence que les enfants dé-
pensent et — follement la fortune que les pères ont gagnée et —
sou par sou.

Vauban prit et — Lille.

312. Exercice oral ou écrit. — Lire ou copier les phrases suivantes en
remplaçant par un autre mot le complément en *italique.*

Il y a des gens qui ne se plaisent qu'à la pêche et à *chasser.*

Les jeunes enfants passent leur temps à rire et *au jeu.*

Les paysans n'apprenaient autrefois ni à lire ni *l'écriture.*

Clovis excitait les Francs à attaquer les Visigoths et à *la conquête
de* la Gaule.

Les narines servent tout ensemble à respirer et à *l'odorat.*

Les âmes blessées aiment le recueillement et *s'isoler.*

Napoléon Ier aspirait au trône et à *conquérir* l'Europe.

Christophe Colomb rêvait un long voyage et *découvrir* un nouveau monde.

Rousseau aimait les promenades à pied et *courir* dans les bois.

Saint Louis ne pensait qu'à son vœu et à *se croiser* contre les infidèles.

313 Exercice oral ou écrit. — Lire ou copier les phrases suivantes en remplaçant chaque tiret par un pronom relatif ou par les mots *où, que.*

C'est à Paris — les expositions dites universelles ont le mieux réussi.

L'instant — nous naissons est un pas vers la mort. (VOLTAIRE.)

C'est vous, mon cher Narbal, pour — mon cœur s'attendrit. (FÉNELON.)

C'est pour vous, mon cher Narbal, — mon cœur s'attendrit.

C'est à Rome, mes fils, — je prétends marcher. (RACINE.)

C'est sur le mont Sinaï — Dieu donna sa loi à Moïse, au milieu des foudres et des éclairs.

C'est des contraires — résulte l'harmonie du monde.

Ce n'est pas de cela — il s'agit aujourd'hui. (LA FONTAINE.)

314. Exercice oral ou écrit. — Lire ou copier les phrases suivantes en remplaçant chaque tiret par une préposition s'il y a lieu.

Dans les maladies sérieuses, le repos d'esprit aide beaucoup la guérison du corps.

Si vous applaudissez le mal — les ouvrages de pure imagination, vous l'applaudirez bientôt — les mœurs publiques.

Croyez les gens sensés qui vous assurent qu'on ne doit point croire — revenants.

Nous nous aidions l'un l'autre — porter nos malheurs. (RACINE.)

Il est rare qu'on s'appauvrisse — aider les pauvres.

Il n'est pas rare de voir un auteur insulter — ses ouvrages —Académie, — laquelle il sollicite une place.

Quels fléaux pour les grands, que ces hommes nés pour applaudir — leurs passions. (MASSILLON.)

Un jeune homme ignorant et orgueilleux est méprisé — tous ceux qui le connaissent.

Il y a un goût dans la vertu — ne peuvent atteindre ceux qui sont nés médiocres. (LA BRUYÈRE.)

La misère a beau courir, elle ne peut — atteindre l'ouvrier laborieux.

Les alchimistes du moyen âge croyaient pouvoir changer tout — or.

Celui qui assure le plus — un bienfaiteur de sa reconnaissance n'est pas toujours le plus reconnaissant.

Il serait digne de notre temps d'atteindre — la perfection et — la simplification de notre orthographe.

Songez-vous qu'un monarque, — qui vous insultez,
Pourrait punir en vous le chef des révoltés ? (La Harpe.)

SECTION IV

EMPLOI DES MODES ET DES TEMPS

315. Exercice oral ou écrit. — Lire ou copier les phrases suivantes en remplaçant le mode ou le temps des verbes en *italique* par un temps équivalent.

J'aimerais que l'on travaillât à former le cœur et l'esprit des enfants ; ce *devrait* être le principal but de l'éducation.

Votre père est-il à Paris ? Non, mais il *revient* bientôt.

Ses larmes ne *sauraient* la sauver du trépas. (La Fontaine.)

Vous *prenez* le train, vous *visitez* les châteaux de la Loire et *revenez* à Paris content et reposé.

Garder une poire pour la soif : c'est-à dire *épargner* quelque chose pour les moments de détresse qui peuvent survenir.

Pourriez-vous croire votre fils coupable d'une telle ingratitude !

Tu *honoreras* tes père et mère, afin de vivre longtemps.

Mettez ce qu'il en coûte à plaider aujourd'hui ;
Comptez ce qu'il en reste à beaucoup de familles :
Vous verrez que Perrin tire l'argent à lui,
Et ne laisse aux plaideurs que le sac et les quilles. (La Fontaine.)

La patience *adoucit* les maux qu'on ne saurait guérir.

SECTION V

EMPLOI DES AUXILIAIRES

316. Exercice oral ou écrit. — Lire ou copier les phrases suivantes en mettant les verbes au temps indiqué.

Nous enfin *convenir* (*parf. indéf.*) d'acheter cette maison qui ne nous pas *convenir* (*plus-que-parf.*) d'abord

Depuis 1789 les nobles *déchoir* (*parf. indéf.*) de leurs privilèges, mais plusieurs *rester* (*parf. indéf.*) convaincus de leur supériorité.

Les orages *cesser* (*parf. indéf.*) de gronder sur ces heureux rivages.

(VOLTAIRE.)

Cette femme bien *changer* (*ind. prés. passif*) depuis sa dernière maladie.

La « Blanche Nef » *échouer* (*parf. indéf.*) sur la côte contre un rocher.

Lors de l'entrée de Jeanne d'Arc à Reims, tous ses parents *accourir* (*plus-que-parf.*) des campagnes voisines.

Jamais il ne m' *échapper* (*parf. indéf.*) une parole qui pût trahir le moindre secret.

Ma famille *demeurer* (*parf. indéf.*) quelque temps à Tours ; mais à notre dernier voyage mon frère *demeurer* (*parf. indéf.*) à Paris pour y finir ses études.

J'ai retenu le chant ; les vers m' *échapper*. (*parf. indéf.*)

(J.-B. ROUSSEAU.)

Depuis la veille le vaisseau *échouer* (*plus-que-parf.*) à plus de cinq cents mètres de la côte et les vagues le battaient avec violence.

Ce mot m'*échapper*, (*parf. indéf.*) pardonnez ma franchise.

(VOLTAIRE.)

317. Exercices oraux ou écrits. — A quelles remarques de grammaire historique peuvent donner lieu les phrases suivantes ?

Un cœur où l'ire [colère] juste et la gloire *commande*. (MALHERBE, XVI° siècle.)

Quelques négociations commencées et la foiblesse du gouvernement *établiroit* leur autorité. (LA ROCHEFOUCAULD.)

Tout ce qu'il y avoit de personnes de qualité le *vinrent* trouver. (Id.)

Ce n'est pas seulement les hommes à combattre, *c'est* des montagnes inaccessibles, *c'est* des ravins et des précipices d'un côté, c'est partout des forts élevés. (BOSSUET.)

Est-ce ces moments que vous accordez à la religion ? (MASSILLON.)

Un peu d'esprit et beaucoup de temps à perdre lui *suffit*. (LA BRUYÈRE.)

Un petit nombre s'*échappèrent* et se *sauvèrent* dans les marais. (J.-J. ROUSSEAU.)

Je vous recommande *votre santé* et de *ne guère écrire*. (SÉVIGNÉ.)

Il faut qu'on n'ait pour but dans le style que *la netteté*, et *de représenter* les choses telles qu'elles sont. (RACINE.)

Le bonheur et la joie présente *doit* faire oublier tous ces malheurs. (Id.)

Il aimeroit mieux que ce *fût* eux qui mangeassent tout chez lui. (Id.)

Une partie des princes *sont revenus* de l'armée. (Id.)

La guerre engendre beaucoup de maux, entre lesquels *sont le grand nombre* d'historiens. (Id.)

318. Exercice. — Copier le morceau suivant en le transcrivant avec l'orthographe moderne.

Intelligence des animaux

Au reste, quelle sorte de nostre suffisance ne recognoissons-nous aux opérations des animaux? Est-il police reiglée avec plus d'ordre, diversifiée à plus de charges et d'offices, et plus constamment entretenue, que celle des mouches à miel? Cette disposition d'actions et de vacations si ordonnée, la pouvons-nous imaginer se conduire sans discours et sans prudence?

Les arondelles que nous voyons au retour du printemps fureter tous les coins de nos maisons, cherchent-elles sans jugement, et choisissent-elles sans discrétion de mille places celle qui leur est la plus commode à se loger? Et en cette belle et admirable contexture de leurs bastimens, les oiseaux peuvent-ils se servir plustost d'une figure quarrée que de la ronde, d'un angle obtus que d'un angle droit, sans en sçavoir les conditions et les effets? Prennent-ils tantost de l'eau, tantost de l'argile, sans juger que la dureté s'amollit en l'humectant? Planchent-ils de mousse leurs palais, ou de duvet, sans prevoir que les membres tendres de leurs petits y seront plus mollement et plus à l'ayse? Se couvrent-ils du vent pluvieux, et plantent leur loge à l'orient, sans congnoistre les conditions différentes de ces vents, et considérer que l'un leur est plus salutaire que l'autre? Pourquoy espessit l'araignée sa toile en un endroit, et relasche en un autre; se sert à cette heure de cette sorte de nœud, tantost de celle-là, si elle n'a et deliberation, et pensement, et conclusion? MONTAIGNE (1533-1592).

319. Exercice. — Copier les vers suivants en les transcrivant avec l'orthographe moderne.

La mort d'un enfant

Comme on voit sur la branche au mois de mai la rose
En sa belle jeunesse, en sa première fleur,
Rendre le ciel jaloux de sa vive couleur,
Quand l'aube, de ses pleurs, au point du jour l'arrose :

La grâce dans sa feuille et l'amour se repose,
Embaumant les jardins et les arbres d'odeur;
Mais battue ou de pluie, ou d'excessive ardeur,
Languissante elle meurt feuille à feuille desclose.

Ainsi dans ta première et jeune nouveauté,
Quand la terre et le ciel honoroient ta beauté,
La Parque t'a tuée, et cendre tu reposes.

Pour obsèques reçois mes larmes et mes pleurs,
Ce vase plein de laict, ce panier plein de fleurs,
Afin que vif et mort ton corps ne soit que roses.

RONSARD (1524-1585).

CHAPITRE VI

SYNTAXE DU PARTICIPE

SECTION I

ACCORD DU PARTICIPE PRÉSENT

320. Exercice oral ou écrit. — Lire ou copier les phrases suivantes en remplaçant chaque tiret par un des mots : *changeant, prévenant, aimant, se complaisant, saisissant, cachant, dévoilant, rampant, s'accrochant, conciliant, amusant, charmant, flottant, flottant, encourageant, visant, entreprenant, ménageant, changeant, rongeant,* qu'on écrira selon la règle.

Défiez-vous des personnes indécises, — toujours d'avis selon les circonstances.

Une jeune fille — , — à rendre service à chacun, et — aux désirs des personnes âgées, est un vrai trésor dans une famille.

Peu de spectacles sont plus — que le jeu des nuages autour des montagnes ; — ou — tour à tour les pics élevés, — ou — aux rochers, ils produisent les effets les plus bizarres, les plus variés.

Les esprits vraiment — sont plus rares et plus précieux que les esprits toujours —.

Les roses sont des fleurs —.

On voit fréquemment sur les fleuves des trains de bois — au fil de l'eau sous la conduite de deux ou trois mariniers.

La marche des navires est gênée dans les mers du Nord par les glaces —.

Louis XIV illustra son règne en — le mérite dans tous les genres.

Certains auteurs, — trop à l'effet dans leurs écrits, n'obtiennent souvent qu'un succès de ridicule.

Il faut, pour cette entreprise, des jeunes gens actifs, — , ne — jamais leur temps, ni leur santé.

Les colibris et les oiseaux-mouches ont un plumage à reflets — d'une merveilleuse beauté.

Sur quelques côtes, la mer gagne du terrain en — peu à peu la falaise.

321. Exercice oral ou écrit. — Lire ou copier les phrases suivantes en remplaçant chaque tiret par un des mots : *comptant, débitant, chantant, restant, voyant, payant, dormant, passant,* qu'on écrira selon la règle.

J'ai acheté cette maison à beaux deniers —.

Les — de vin sont trop nombreux dans les grandes villes d'Europe.

Les opéras italiens abondent en mélodies — faciles à retenir.

Adressez-moi vos lettres poste —.

Les gens du Midi, habitués à une lumière ardente, affectionnent les couleurs — et les prodiguent même sur les murs de leurs maisons.

Il y a encore en certains endroits des ponts —; l'argent que l'on donne pour les traverser sert à des dépenses locales ou à l'entretien même du pont.

Les eaux — des étangs donnent asile à une foule de végétaux inutiles, et sont peuplées surtout de grenouilles, de salamandres ou d'autres reptiles du même ordre.

Les rues très — sont désagréables aux vieillards, aux enfants et aux personnes pressées.

322. Exercice oral ou écrit. — Lire ou copier les phrases suivantes en complétant d'après la règle les mots dont le r   cal seul est indiqué.

Cet enfant, *néglig...* son travail quotidien, ne méritera aucun prix à la fin de l'année.

Néron concevait les desseins les plus *extravag...*, et se vantait de les accomplir.

Ces deux amis étaient toujours d'avis *différ...* et d'opinions contraires; ils ne pouvaient passer un jour sans se voir ni une heure sans se disputer.

Les serviteurs sont *néglig...* dans leur service, dit-on; les maîtres le sont-ils moins dans leur manière de commander.

Les marais dégagent parfois l'été des miasmes *suffoc....*

Cette société a réuni de nombreux *adhér....*

Celui qui parvient en *intrig*... de tous côtés ne mérite pas l'estime des honnêtes gens.

Il me faut un bon commis, *expédi*... les affaires avec soin et promptitude.

A quelque heure du jour que ce soit, vous trouverez cette jeune fille *vaq*... aux soins du ménage, *présid*... aux leçons de ses frères, recherchant même les travaux les plus *fatig*... pour les éviter à sa mère.

J'ai trouvé chez ces deux candidats des mérites *équival*....

Un bon orateur parlementaire doit employer les images les plus expressives, les termes les plus énergiques, les arguments les plus *convainc*....

Washington fut le premier des *présid*...des États-Unis d'Amérique.

323. Exercice oraux ou écrits. — A quelles remarques de grammaire historique peuvent donner lieu les phrases suivantes?

Il n'est pas vraisemblable que *venants* en terre ferme ils fassent mieux leurs affaires. (MALHERBE, xvi° siècle.)

Après tant de douces merveilles
Ravissants l'esprit bienheureux. (Id.)

Les sages, ayant vu couler quelques veines de métaux fondus, ont jugé que, *fouillant* plus avant, il s'en trouveroit davantage. (Id.)

Les objets désirés *s'offrants* tout à la fois. (CORNEILLE.)

Les Romains poursuivoient, et César dans la place,
Ruisselante du sang de cette populace,
Montroit de sa justice un exemple si beau. (Id.)

La vivacité qui augmente *en vieillissant* ne va pas loin de la folie. (LA ROCHEFOUCAULD.)

Me *voyant* bien vêtu, ils disputèrent ma dépouille. (Id.)

Les morts se *ranimants* à la voie d'Élisée. (RACINE.)

Nos chefs et nos soldats *brûlants* d'impatience. (Id.)

Les Troyens, nous *voyants* de près, n'auraient pas manqué de nous reconnaître. (FÉNELON.)

Et plus loin des laquais, l'un l'autre *s'agaçants*
Font aboyer les chiens et jurer les passants. (BOILEAU.)

Donner la chasse aux gens
Portants bâtons et *mendiants*. (LA FONTAINE.)

324. Exercice d'analyse. — Analyser logiquement et de vive voix la phrase : *Néron concevait les desseins les plus extravagants et se vantait de les accomplir.*

SECTION II

ACCORD DU PARTICIPE PASSÉ

1. Principes généraux.

325. Exercice oral ou écrit. — Lire ou copier les phrases suivantes en remplaçant chaque tiret par un des mots : *sorti, avalé, abattu, condamné, cultivé, fondé, efféminé, assiégé, révolté, divisé, institué, mort, blessé, chanté, excepté, estimé, terminé, dissimulé, entêté, imposé, interrogé, invité, fait, rempli, parlé, répété, répondu, dit, demandé, couvert, coupé*, qu'on écrira selon la règle.

La vie des éphémères dure un coucher de soleil; à peine — de leur chrysalide, ces légers insectes périssent en quelques heures, — par les oiseaux, — par le vent, — d'avance par leur destinée.

Une contrée bien — est un riche trésor et un charmant spectacle.

Rome fut — en 753 avant J.-C. — La même année Sardanapale, le plus — des empereurs d'Assyrie, était — dans Ninive par ses gouverneurs —, et à sa mort l'empire était — en plusieurs royaumes.

Le tribunat était une magistrature — à Rome pour protéger les intérêts des plébéiens.

Rien n'est plus épouvantable qu'un champ de bataille couvert de — et de — .

Les rossignols ont — toute la nuit.

Sa mère — , cet enfant n'écoute personne.

Les gens très habiles ne sont pas toujours très —.

Vos devoirs — , vous pourrez vous divertir.

Les gens violents sont moins à craindre que les gens — .

Les esprits étroits et — finissent toujours par exercer une certaine influence autour d'eux par la ténacité de leurs opinions.

Un philosophe ancien avait — à ses esclaves une telle réserve qu'ils ne devaient parler que lorsqu'ils étaient directement —. Un jour deux amis — au dîner se font attendre; le maître les envoie prévenir par un esclave, qui revient en disant qu'il a — la commission. Les retardataires ne paraissant pas encore, le philosophe renvoie chez eux le même esclave, qui est bientôt de retour et affirme qu'il a — sa mission. Cependant les amis n'arrivent point;

le maître, impatienté, interroge son esclave : « Leur as-tu —? Oui.
— Leur as-tu — mon invitation? — Oui. — Alors que t'ont-ils —?
— Qu'ils ne pouvaient pas venir ce soir. — Mais, misérable ! tu
ne me l'avais pas —! — Vous ne me l'aviez pas —! »

> Les lois de la mort sont fatales
> Aussi bien aux maisons royales
> Qu'aux taudis — de roseaux ;
> Tous nos jours sont sujets aux Parques ;
> Ceux des bergers et des monarques
> Sont — des mêmes ciseaux.   (Racan.)

2. Participe avec l'auxiliaire ÊTRE.

326. Exercice oral ou écrit. — Lire ou copier les phrases suivantes en
remplaçant chaque tiret par un des mots : *levé, baissé, bâti, sorti, survenu,
rempli, combattu, mort, parti, fermé, passé, reparti, obligé, dû, publié, affranchi,
accueilli, choyé, fêté, contenu, cultivé, embelli, transformé*, qu'on écrira selon la
règle.

Le château fort symbolise la vie féodale au moyen âge. A la
moindre alarme, le pont-levis était —, la herse était —, toute
la garnison était en armes; on vivait dans un perpétuel état de
défense.

Venise est — sur soixante-dix petites îles de l'Adriatique.

Nos pères, qui voyaient les Allemands de mauvais œil, disaient que
la poudre à canon et l'hérésie étaient — d'Allemagne.

A la suite d'une longue guerre il est toujours — d'immenses dé-
sastres financiers.

La vie d'un vrai sage est si — d'occupations régulières qu'il a peu
de temps à perdre.

Si tous les hommes sont nos frères, que doivent être ceux qui
ont — et qui sont — pour nous?

Les hirondelles sont — avec les premiers froids.

Nos arsenaux militaires sont — à un grand nombre des visiteurs.

Il est — hier plusieurs régiments dans notre ville; après un
repos d'une heure, ils sont — et ont continué leur route.

Nous devons bien — d'avouer que le génie humain a des
bornes; mais la sottise n'en a pas.

Six œuvres du grand musicien Haydn sont — à l'initiative
d'amateurs français et ont été — à leurs frais.

Les lettres où l'on demande de l'argent sont toujours —.

Quel pays a jamais été plus hospitalier que la France aux étrangers? Où sont-ils mieux —, plus —, plus —?

Le chêne immense avec ses racines, son tronc, ses rameaux et
ses feuilles est — tout entier dans un petit gland.

Certaines plantes sauvages dépérissent quand elles sont —; d'autres, au contraire, sont — et — par la culture.

3. Participe avec AVOIR.

327. Exercice oral ou écrit. — Lire ou copier les phrases suivantes en
remplaçant chaque tiret par un des mots : *prêté, trouvé, dicté, donné, consolé,
donné, mérité, demandé, dit, disparu, trahi, sauvé, adoré, menacé, tué, mérité,
vu, entendu, reçu, prononcé, flétri, oublié, fait, reçu, paru, célébré, reçu, ambi-
tionné*, qu'on écrira selon la règle.

Nous avons lu les livres que vous nous avez — et nous les
avons — très intéressants.

Les meilleures harangues sont celles que le cœur a —.

Les bénédictions que les pauvres vous auraient —, quand vous
les auriez — dans leur amertume, feraient maintenant vos plus
doux souvenirs.

Les récompenses ne sont pas toujours — à ceux qui les ont —,
mais plutôt à ceux qui les ont —.

J'ai regretté cette parole imprudente dès que je l'ai eu —.

Malheur aux peuples chez qui le patriotisme a —!

> Je sens tout ce que j'ai commis
> Et combien de devoirs en un jour j'ai —.   (VOLTAIRE.)

Une goutte d'eau-de-vie a souvent — la vie de voyageurs transis
par le froid.

On a compté jusqu'à cent soixante dieux que les païens ont —.

Sous Henri IV, aucun tribunal n'osa prononcer contre les duel-
listes la peine de mort dont ce monarque les avait —.

Le 22 juin 1627, François de Boutteville et le comte des Chapelles,
son cousin, redoutables par le grand nombre d'hommes qu'ils
avaient — en duel, furent décapités en place de Grève.

Quelque honte que nous ayons —, nous pouvons presque toujours nous réhabiliter par une bonne conduite.

Au lac de Grandlieu, près de Nantes, ceux à qui le seigneur louait
son droit de pêche étaient obligés de venir tous les ans, devant
lui, exécuter une danse que l'on n'eût point encore —, et chanter

une chanson que l'on n'eût point encore —, sur un air qui ne fût point encore connu.

De tous les biens que nous avons — en naissant, le temps est le seul dont nous devions nous montrer avares.

Pourquoi les lois n'ont-elles — aucune peine contre les ingrats? Que ne les ont-elles du moins — en les dévouant au mépris universel.

Les injures s'écrivent sur l'airain, et les bienfaits sur le sable : ce qui veut dire que l'on a vite — le bien, mais qu'on se souvient longtemps du mal.

Je crois que vous avez — fort vite les deux lettres que j'ai — de vous, car l'écriture m'a — bien négligée.

Souvent pour la postérité les exploits les plus beaux ne sont pas ceux qui ont le plus coûté, mais ceux que l'on a le plus —.

Il semble que le premier degré du pardon est de ne plus parler de l'injure qu'on a —.

C'est la gloire, plutôt que le bonheur de la nation, que ce conquérant a —.

328. Exercice oral ou écrit. — Lire ou copier les phrases suivantes en remplaçant chaque tiret par un des mots : *menti, couru, nui, prodigué, servi, gravi, couché, resté, frémi, tremblé, pleuré, vécu, usé, dormi, couché, pesé, eu. fait, chanté, coûté, valu, duré, langui, paru, coûté, coûté, valu, eu, eu, campé, vécu, rendu*, qu'on écrira selon la règle.

Que dira votre mère en apprenant combien de fois vous avez —?

On éprouve un certain plaisir à se rappeler les dangers qu'on a —.

L'empereur Domitien fit arracher les vignes de la Gaule (92 après J.-C.), sous prétexte que la culture de la vigne avait — à celle du blé. Mais les vignes furent replantées sous Probus en 282.

Chérissez vos parents, qui vous ont — des bienfaits, mais aimez aussi votre patrie, que les bons citoyens ont toujours — .

Les montagnes que j'ai — , les nuits que j'ai — sous la tente, sont — pour moi de délicieux souvenirs.

> Les flots en ont — , l'air en est ébranlé,
> Et le long du vallon le feuillage a — .

Reverrons-nous un jour les amis que nous avons tant —?

Les hommes qui ont le plus — ne sont pas ceux qui ont compté le plus d'années, mais ceux qui en ont le mieux — .

Sully, travailleur infatigable, regrettait même les heures qu'il avait — .

Les arbres que la tempête a — à terre jonchent la plaine.

Avant de prononcer ces paroles, vous ne les aviez pas bien — .

Mon frère, qui a passé quelques jours à votre campagne, n'oubliera jamais les fêtes qu'il y a — pendant son séjour, ni les parties de chasse qu'il y a — .

J'étais au supplice pendant les deux heures que cette mauvaise cantatrice a — .

Je serais riche si j'avais les sommes que cette terre m'a — .

On ne peut envier les récompenses que vos travaux vous ont — .

Ne comptons pas les jours qu'a — votre folie !

Les six mois que cet homme a — en prison lui ont — des siècles.

Vos enfants vous rendront avec usure les peines et les ennuis que que vous avez — à vos mères.

Votre ferme ne vaut plus les cent mille francs qu'elle vous a — ; elle les aurait toujours — sans les mauvaises récoltes qu'il y a — dans ces derniers temps.

Après les tremblements de terre qu'il y a — dans le midi de la France, la plupart des habitants ont — sous des tentes.

Les années que ces jeunes volontaires ont — à l'armée les ont — plus robustes et plus sages.

329. Exercice oral ou écrit. — Lire ou copier les phrases suivantes en remplaçant chaque tiret par un des mots : *emparé, écroulé, enfui, réfugié, ingénié, prévalu, écroulé, blotti, évanoui, relâché, arrogé, moqué, défié, efforcé, imaginé, attaché, aperçu, évadé, eu,* qu'on écrira selon la règle.

Dame Belette s'était — du palais d'un jeune lapin.

Les murailles de Jéricho se sont — au son des trompettes.

Au premier coup de canon ces soldats novices se sont — du champ de bataille.

Grâce au droit d'asile, les voleurs, les homicides qui s'étaient — dans une église, ne pouvaient en être arrachés.

Les élèves qui se sont — à ne rien faire seront plus tard les premiers à blâmer l'indulgence de leurs maîtres.

Que de fois les enfants faibles se sont — de leur propre faiblesse pour tyranniser leurs parents !

En 1887 plusieurs maisons de Nice et de Menton se sont — sous les secousses des tremblements de terre.

L'alouette avec sa couvée s'était — entre deux mottes de terre.

Mais sa haine sur vous autrefois attachée
Ou s'est — , ou bien s'est — . (RACINE.)

Au moyen âge les seigneurs s'étaient — des droits injustes sur
leurs vassaux.

Les hommes n'obéissent guère aux chefs dont ils se sont — .

Ces oiseaux sont tombés dans le piège dont ils ne s'étaient pas
— .

Dès la plus haute antiquité les hommes se sont — de concen-
trer les rayons du soleil sur un point donné à l'aide de miroirs. De
nos jours un inventeur, A. Mouchot, a construit une machine avec
laquelle on peut faire bouillir de l'eau au soleil en moins de temps
que vous ne l'auriez — .

Quelques-uns de nos auteurs modernes se sont — à peindre la
vie réelle dans leurs écrits.

Ils se sont — trop tard qu'on n'avait pas plus le droit de tout
dire que le droit de tout faire.

Bien des prisonniers se sont — de leur prison. Une des plus
célèbres évasions qu'il y ait — est celle du cardinal de Retz, enfermé
au château de Nantes.

330. **Exercice oral ou écrit.** — Lire ou copier les phrases suivantes en
remplaçant chaque tiret par un des mots : *blessé, signalé, empressé, jeté, rassem-
blé, proposé, formé, plu, méprisé, divisé, imaginé, aperçu, trompés, rencontré,
servi, marié, répandu, donné, épargné, attiré, étranglé, brûlé, brûlé, rencontré,
parlé, injurié, battu, persuadé, gâté, procuré, ouvert, disputé,* qu'on écrira selon
la règle.

Deux de nos amis se sont grièvement — à la chasse.

Dès le XIIIᵉ siècle, nos meilleurs rois se sont — par la protection
qu'ils se sont — d'accorder à l'agriculture.

Ces enfants s'étaient — des boules de neige.

Le nom d'académie, tiré du jardin d'Académos, où les disciples
de Platon s'étaient — , désigne aujourd'hui toute réunion qui s'est
— d'encourager et de propager le travail intellectuel.

A toutes les époques où les lettres ont été cultivées, il s'est —
des académies.

Certaines personnes se sont — à dire du mal de leur patrie,
oubliant que ceux qui parlent mal de leur mère sont généralement
— .

J'admire, j'en conviens, l'accord de ces trois frères,
Pluton, Neptune, Jupiter,
Qui se sont —, sans tumulte et sans guerres,
Le ciel, et la mer, et l'enfer. (F. DE NEUFCHÂTEAU.)

Que d'amis se sont — qu'ils pourraient toujours vivre ensemble et qui dès le premier jour se sont — qu'ils s'étaient — .

Les mères trop tendres et les pères froissés dans leur amour-propre se sont toujours — parmi les adversaires des études classiques.

Les premiers rois francs se sont — de leur anneau pour sceller les lettres et leur donner un caractère d'authenticité.

Aujourd'hui les femmes se marient en blanc, mais nos aïeules, jusqu'à la fin du moyen âge et même après, se sont — en rouge.

Les voitures appelées berlines, du nom de la ville de Berlin, se sont — en France au xviiiᵉ siècle.

Si nos voisins s'étaient — la peine d'examiner cette affaire, ils se seraient — les ennuis qu'ils se sont — .

Jocaste, la mère d'Œdipe, s'est —, en apprenant son horrible destinée.

Ces papillons se sont — à la lampe.

Cette mère intrépide s'est — les mains pour arracher son enfant à l'incendie.

Ces trois hommes se sont — dans la rue; ils se sont —; puis se sont — et enfin se sont —.

Nos ennemis se sont — que la victoire leur sera toujours fidèle.

Les jeunes gens se sont souvent — l'esprit par la lecture des romans qu'ils se sont — en cachette.

Les Français s'étaient — une retraite glorieuse par la victoire de Fornoue.

Gênes, Savone, en Italie, et Calvi, en Corse, se sont — la gloire d'avoir donné le jour à Christophe Colomb. Il paraît certain aujourd'hui que le grand navigateur est né en Corse et avait quatorze ans lors de l'occupation française en 1459.

4. Remarques particulières sur l'accord des participes.

331. Exercice oral ou écrit. — Lire ou copier les phrases suivantes en remplaçant chaque tiret par un des mots : *coupé, vu, vu, résolu, fait, eu, entendu, vu, entendu, vu, donné, eu, vu, laissé, entendu,* qu'on écrira selon la règle.

L'homme est comme une rose que le tranchant de la charrue a
— et qui tombe avant la fin du jour qui l'a — naître.

Les premières lettres de noblesse datent du règne de Philippe III
le Hardi ; depuis cette époque, que de gens on a — s'anoblir !

Les hommes faibles ou ignorants se trouvent souvent, sans s'en
douter, hors de la route qu'ils avaient — de suivre.

Télémaque prend ses armes, don précieux de la sage Minerve,
qui les avait — faire par Vulcain.

Les copies que j'ai — à corriger étaient illisibles.

Que de gens légers et étourdis vous avez — dire du mal de leur
pays à tort et à travers !

Ces actrices, je les ai — jouer, et je les ai même — siffler.

> De jeunes serviteurs que son toit a — naître,
> Animent la maison, et bénissent leur maître.   (ANDRIEUX.)

Les sommes que vous lui aviez — à recouvrer n'ont pu compen-
ser celles qu'il a — à payer.

Les animaux qu'on a le plus admirés sont ceux qu'on a — imiter
les actions humaines.

L'occasion que vous aviez si longtemps attendue, vous l'avez —
échapper.

Ne croyez jamais qu'à moitié aux offres de services que vous aurez
— faire.

332. Exercice oral ou écrit. — Lire ou copier les phrases suivantes en
remplaçant chaque tiret par un des mots : *voulu, apporté, cherché, dû, connu,
estimé, voulu, pu, pensé, assuré, lu, recommandé, fait, dû, prévu, pu, donné,
vu, refusé, trouvé, dû, pu, trouvé, détruit, forgé, remporté, gagné,* qu'on écrira
selon la règle.

On a donné à ce malheureux tous les remèdes qu'il a — ; mais
aucun ne lui a — les soulagements qu'il avait — .

Les premières notions de physique et de chimie sont — aux
Arabes et à leur domination dans le midi de la France au moyen
âge.

Ne me parlez pas des sottes gens : plus j'en ai — , moins j'en
ai — .

Cet enfant ayant bien travaillé, ses parents lui ont donné tous les
livres qu'il a — .

Quand vous avez fait tous les efforts que vous avez — , vous êtes
digne d'éloges, quoi qu'il arrive.

Vous n'avez pas tous les succès que j'avais — que vous ob-
tiendriez.

J'ai passé à gué cette rivière qu'on m'avait — être très profonde.

Des livres, j'en ai tant — que j'en suis fatigué.

Les soins qu'on m'avait — de donner à cet enfant n'ont produit aucun fruit.

Je n'ai pas trouvé le lac de Genève au-dessous de la description qu'on m'en avait — .

Vous ne m'avez jamais remis tous les pensums que vous m'avez — .

Alexandre, dans la conquête des Indes, rencontra plus d'obstacles qu'il n'en avait — .

J'ai en vain donné à ce paresseux tous les encouragements que j'ai —.

La Bible est vraiment le livre universel; les traductions qu'on en a — sont innombrables.

> Combien en ai-je — , je dis des plus huppés,
> A souffler dans leurs doigts dans ma cour occupés?

Il m'a offert la main, que j'ai — d'accepter.

On ne m'accusera pas de m'être beaucoup occupé des critiques qu'on a — bon de diriger contre mes écrits.

Vous n'avez pas apporté à ce travail tous les soins que vous auriez —.

J'ai lu mon épître très posément, jetant dans ma lecture toute la force et tout l'agrément que j'ai —. (BOILEAU.)

La crainte de faire des ingrats, ni le déplaisir d'en avoir — ne l'ont jamais empêché de faire du bien. (FLÉCHIER.)

Vauban a fortifié plus de villes que d'autres n'en ont — .

La nature avait refusé des armes à l'homme, mais combien s'en est-il — depuis.

Autant de fois il a attaqué l'ennemi, autant de victoires il a — .

Autant il a engagé de batailles, autant il en a — .

333. Exercice oral ou écrit. — Lire ou copier les phrases suivantes en remplaçant chaque tiret par un des mots : *apporté, souhaité, mis, témoigné, cru, laissé, conservé, donné, espéré, témoigné, passé, laissé, anéanti, donné, connu souhaité,* qu'on écrira selon la règle.

On ne peut trop blâmer le peu d'attention que ces élèves ont — à leur devoir.

On ne trouve pas toujours ses amis aussi bons qu'on l'aurait — .

Le peu de grâce que vous avez — dans votre aumône a fait douter de votre bonté.

Le peu d'affection que vous lui avez — a abattu son courage.

La calomnie, après examen, n'est jamais aussi puissante qu'on l'avait — d'abord.

> Mais pouvons-nous braver une reine en colère
> Avec ce peu de gens que m'a — mon père !   (CORNEILLE.)

Le peu de vivres qu'on avait — à la fin du siège de Paris étaient vendus à des prix exorbitants.

Je garderai malgré tout un souvenir reconnaissant du peu d'assistance que vous m'avez — autrefois.

Ces enfants légers se sont montrés plus intelligents qu'on ne l'avait — .

Le peu d'affection que vous lui avez — lui a rendu son courage.

Le peu de jours que j'ai — chez vous m'ont paru très agréables.

Le peu d'habitants que la peste et la guerre ont — dans cette ville seront bientôt — par la famine.

Le peu d'explications que votre maître vous a — ne peut pas excuser votre ignorance.

En voyant cette ville, l'avez-vous trouvée aussi belle que je l'avais — jadis? Je crains qu'avec le mauvais temps elle ne vous ait paru moins agréable que je l'aurais — .

334. Exercices oraux ou écrits. — A quelles remarques de grammaire historique peuvent donner lieu les phrases suivantes?

La nature nous a *fait* capables d'instruction. (MALHERBE, XVI° siècle.)

C'est trop *demeuré* sur un si maigre sujet. (Id.)

Ceux qu'une bonace continuelle a *laissé* languir en oisiveté. (Id.)

> J'avais de point en point l'*entreprise tramée*. (CORNEILLE.)
> J'ai leur *crédulité* sous ces habits *trompée*. (Id.)
> Cette heureuse nouvelle a mon *âme ravie*. (Id.)
> Ces tristes vêtements où je lis mon malheur
> Sont les premiers effets qu'ait *produit* sa valeur. (Id.)
> Il a voulu lui-même apaiser les débats
> Qu'avec nos citoyens ont *eu* quelques soldats. (Id.)

Les mêmes choses qu'il lui avait *dit* à Bourg. (LA ROCHEFOUCAULD.)

> Que de soins m'eût *coûtés* cette tête charmante ! (RACINE.)
> Les a-t-on *vu* souvent se parler, se chercher? (Id.)
> Votre père et les rois qui vous ont devancés,
> Sitôt qu'ils y montoient s'en sont *vu* renversés. (Id.)

Les hommes oublient les biens qu'ils ont *reçu*. (Id.)

... Le jeune Agrippa de son sang descendu,
Se vit exclu du rang vainement *prétendu*. (Id.)

C'est ainsi que la Providence nous a *laissé* tomber. (SÉVIGNÉ.)
Mandez-moi bien quelle réception vous aura *fait* cette belle reine
de Suède. (Id.)

335. Exercice. — Mettre en prose ies vers suivants. — Apprendre par cœur
le même morceau.

La fleur

Fleur mourante et solitaire,
Qui fus l'honneur du vallon,
Tes débris jonchent la terre,
Dispersés par l'aquilon.

La même faux nous moissonne,
Nous cédons au même dieu :
Une feuille t'abandonne,
Un plaisir nous dit adieu.

Chaque jour le temps nous vole
Un goût, une passion ;
Et chaque instant qui s'envole
Emporte une illusion.

L'homme perdant sa chimère,
Se demande avec douleur :
Quelle est la plus éphémère,
De la vie ou de la fleur?   MILLEVOYE.

336. Exercice. — 1° Lire le morceau suivant en indiquant les changements
d'orthographe survenus depuis le xvıᵉ siècle. — 2° Copier le même morceau en le
transcrivant avec l'orthographe moderne.

La sagesse des fous

J'ai souvent ouï en proverbe vulgaire, qu'un fol enseigne bien un
sage. Puisque par es réponses des sages n'estes à plain satisfaict,
conseillez-vous à quelque fol : pourra estre que, ce faisant, plus à
votre gré serez satisfait, et content.

A Paris, en la rostisserie du petit Chastelet, au devant de l'ouvroir d'un rostisseur, un faquin mangeoit son pain à la fumée du

rost, et le trouvoit ains parfumé, grandement savoureux. Le rostisseur le laissoit faire. Enfin, quand tout le pain fut baufré, le rostisseur happe le faquin au collet, et vouloit qu'il lui payast la fumée
de son rost. Le faquin disoit en rien n'avoir ses viandes endom-
magé, rien n'avoir du sien prins, en rien lui estre débiteur. La
fumée dont estoit question évaporoit par dehors : ainsi comme
ainsi se perdoit elle ; jamais n'avoit esté ouï que dans Paris, on
eust vendu fumée de rost en rue. Le rostisseur répliquoit, que de
fumée de son rost n'estoit tenu de nourrir les faquins, et renioit,
en cas qu'il ne le payast, qu'il lui osteroit ses crochets. Le faquin
tire son tribart et se mettoit en défense.

L'altercation fut grande : le badault peuple de Paris accourut au
débat de toutes parts. Là se trouva à propos Seigni Joan, le fol,
citadin de Paris. L'ayant apperçeu, le rostisseur demanda au faquin :
« Veulx-tu sus notre différent croire ce noble Seigni Joan? — Oui,
par la sambieu, » respondit le faquin. Adoncque Seigni Joan, après
avoir leur discord entendeu, commanda au faquin qu'il lui tirast
de son bauldrier quelque pièce d'argent. Le faquin lui mist en main
un tournois Philippus. Seigni Joan le print et le mist sur son
épaule gauche, comme explorant s'il estoit de poids ; puis le tim-
poit sus la paulme de sa main gauche, comme pour entendre s'il
estoit de bon alloi ; puis le posa sur la prunelle de son œil droict,
comme pour voir s'il estoit bien marqué. Tout ce fut faict en grand
silence de tout le badault peuple, en ferme attente du rostisseur et
désespoir du faquin. Enfin le feit sus l'ouvroir sonner par plusieurs
fois. Puis, en majesté présidentale, tenant sa marotte au poing,
comme si fust un sceptre, et affublant en teste son chaperon de
martres singeresses à aureilles de papier fraisé à poincts d'orgues,
toussant préalablement deux ou trois bonnes fois, dist à haulte
voix : « La cour vous dict que le faquin qui ha son pain mangé à
la fumée du rost, civilement ha payé le rostisseur au son de son
argent. Ordonne la dicte cour, que chascun se retire en sa chascu-
nière, sans despens, et pour cause. » Ceste sentence du fol pari-
sien tant ha semblé équitable, voire admirable, aux docteurs sus-
dicts, qu'ils font doubte, en cas que la matière eust esté au parlement dudict lieu, voire certes entre les aréopagites, décidée, si
plus juridiquement eust esté par eux sententié. Pourtant, advisez
si conseil voulez d'un fol prendre.   RABELAIS (1483-1553).

---

337. Exercice. — Copier les vers suivants en les transcrivant avec l'ortho-
raphe actuelle.

Conseils à un jeune roi

Sire, ce n'est pas tout que d'estre roi de France,
Il faut que les vertus honorent vostre enfance.
Un roi, sans leur bienfait, porte le sceptre en vain;
Il ne lui sert sinon d'un fardeau dans la main.

Il ne doit seulement sçavoir l'art de la guerre,
De garder les cités, ou les ruer par terre.
. . . .

Connoissez l'honneste homme humblement revestu,
Et discernez le vice, imitant la vertu.
Puis sondez vostre cœur, pour son mérite accroistre;
Il faut, dit Apollon, soi-mesme se connoistre;
Celui qui se connoist est seul maistre de soi,
Et sans avoir royaume il est vraiment un roi.

Commencez donc ainsi; puis sitost que par l'âge
Vous serez homme fait de corps et de courage,
Il faudra de vous mesme apprendre à commander,
Approcher vos sujets, les voir et demander,
Les connoistre par non, et leur faire justice,
Honorer les vertus, et corriger le vice.
Malheureux sont les rois qui fondent leur appui
Sur l'aide d'un commis qui, par les yeux d'autrui
Voyant l'état du peuple, entendent par l'oreille
D'un flatteur mensonger à leur conter merveille.

RONSARD (1524-1585)

CHAPITRE VII

SYNTAXE DE L'ADVERBE

338. Exercice oral ou écrit. — Lire ou copier les phrases suivantes en remplaçant chaque tiret par une préposition, s'il y a lieu.

Agissez toujours conformément — lois du bon sens.

Que dure le bonheur ici-bas? et dans sa courte durée combien traîne-t-il après lui — fiel et — amertume!

Certaines gens arrivent trop vite à la fortune relativement — leur mérite.

Il faut aimer ses parents préférablement — toutes choses.

Les princes agissent différemment — particuliers.

La plupart des animaux ont plus — agilité, plus — force et même plus — courage que l'homme.

On fait beaucoup — bruit et puis on se console;
Sur les ailes du temps la tristesse s'envole.   (La Fontaine.)

Ce testament a été fait postérieurement — celui dont vous parlez.

Assez — gens méprisent le bien, mais peu savent le donner.

Il y a peu — familles dans le monde qui ne touchent aux plus grands princes par une extrémité, et par l'autre, au simple peuple. (La Bruyère.)

Il faut avoir beaucoup étudié pour savoir un peu.

Peu — princes dans l'histoire ont eu comme Henri IV ce caractère de bonhomie et de bonté.

339. Exercice oral ou écrit. — Lire ou copier les phrases suivantes en soulignant d'un trait *en, où, y* employés comme adverbes, de deux traits *en, où, y* employés comme pronoms.

La Provence est mon pays depuis que vous y êtes. (Sévigné.)

La vie est un dépôt confié par le ciel :
Oser en disposer, c'est être criminel. (Gresset.)

Chercher midi à quatorze heures, c'est chercher des difficultés où il n'y en a point, chercher une chose où elle n'est pas, où elle ne doit pas se trouver.

Les modes d'il y a cent ans nous paraissent aujourd'hui bien bizarres.

L'instant où nous naissons est un pas vers la mort. (VOLTAIRE.)

Romains, j'aime la gloire et ne veux point m'en taire. (Id.)

Où pensez-vous aller?—Au temple,où l'on m'appelle. (CORNEILLE.)

J'ai connu le malheur et j'y sais compatir. (GAILLARD.)

> Dans le sein paternel je me vis rappelée,
> Un malheur inouï m'en avait exilée. (VOLTAIRE.)

Le mot caryophyllées se dit des fleurs de l'œillet et de toutes celles qui y ressemblent par leur structure.

Quelque carrière qu'on ait choisie, on doit y apporter tous ses efforts, toute sa persévérance et toute son intelligence.

Je m'en vais seul au temple où leur hymen s'apprête.

340. Exercice oral ou écrit. — Lire ou copier les phrases suivantes en remplaçant chaque tiret par *de suite* ou *tout de suite, plus tôt* ou *plutôt, tout à coup* ou *tout d'un coup.*

On ne devient jamais bon ni méchant — .

L'esprit des enfants est — mobile qu'appliqué; ils saisissent rarement plusieurs idées —.

Ou — ou plus tard la vie doit nous être ravie. (RAYNOUARD.)

Il faut vous lever — si vous voulez amasser de la fortune.

La véritable docilité consiste à obéir — et de bonne grâce.

On appelle giboulées ces averses de grêle et de pluie qui tombent — et qui sont fréquentes au printemps.

Il est toujours facile de travailler plusieurs heures — en variant au besoin ses occupations.

> ... Le travail, aux hommes nécessaire,
> Fait leur félicité — que leur misère. (BOILEAU.)

341. Exercice oral ou écrit. — Lire ou copier les phrases suivantes en remplaçant chaque tiret par *mieux, pis* ou *pire* selon la règle.

Il y a de mauvais exemples qui sont — que les crimes.

Les critiques acharnés contre vous feraient sans doute comme vous et peut-être — encore.

On dit d'un gourmand qu'il se tient — à table qu'à cheval.

La femme de Socrate était laide et, qui —, est, méchante.

Il n'est — eau que l'eau qui dort.

La — des bêtes est le tyran, parmi les animaux sauvages; et parmi les animaux domestiques, c'est le flatteur.

Mettre les choses au —, c'est supposer tout ce qui peut arriver de plus fâcheux.

Une bonne action vaut — qu'un bon ouvrage.

> La Condamine est aujourd'hui
> Reçu dans la troupe immortelle;
> Il est sourd, c'est tant — pour lui;
> Mais il n'est pas muet et c'est tant — pour elle.

Il y a des gens qui mettent une sotte vanité à paraître — qu'ils ne sont.

Il vaut — se taire que de parler mal à propos.

Il n'est — sourd que celui qui ne veut pas entendre, se dit en parlant d'un homme qui fait semblant de ne pas entendre une proposition qui lui déplait.

342. Exercice oral ou écrit. — Lire ou copier les phrases suivantes en soulignant d'un trait *comme* adverbe, et de deux traits *comme* conjonction.

Les métaux précieux comme l'or et l'argent sont moins utiles que le fer.

Castor et Pollux étaient deux frères jumeaux : on les honorait comme dieux marins.

> Et comme elle a l'éclat du verre
> Elle en a la fragilité.   (CORNEILLE.)

Le méchant est comme le charbon : s'il ne vous brûle, il vous noircit.

Comme toute disgrâce peut nous arriver, nous devrions toujours être prêts à tout.

Il y a des héros en mal comme en bien.

Comme vos raisons me paraissent bonnes, je ne vous punirai pas.

La reconnaissance est le plus doux comme le plus saint de nos devoirs.

Comme il était tard, nos soldats ont dû renoncer à poursuivre l'ennemi.

343. Exercice oral ou écrit. — Lire ou copier les phrases suivantes en remplaçant chaque tiret par *aussi* ou *si* selon la règle.

Il n'est pas — facile qu'on pense de renoncer à la vertu.

Celui qui met un frein à la fureur des flots
Sait — des méchants arrêter les complots.   (RACINE.)

— mince qu'il puisse être, un cheveu fait de l'ombre.

La vanité nous rend — dupes que sots.   (FLORIAN.)

Le nom d'ami est une chose — précieuse qu'il ne faut pas le prodiguer.

L'âne est de son naturel — humble, aussi patient, aussi tranquille que le cheval est fier, ardent, impétueux. (BUFFON.)

— évidente que soit une vérité, les esprits faux trouvent toujours moyen de la discuter.

Que de gens perdent la mémoire — bien que la reconnaissance d'un bienfait.

—, dans le discours que vous venez d'entendre,
Je parlais pour l'aigrir et non pour me défendre.
                                        (CORNEILLE.)

Il n'y a — vil praticien qui, au fond de son étude sombre et enfumée, ne se préfère au laboureur qui jouit du ciel. (LA BRUYÈRE.)

344. Exercice oral ou écrit. — Lire ou copier les phrases suivantes en remplaçant chaque tiret par *autant* ou *tant* selon la règle.

Il y a — de lâcheté à dire du mal des puissants quand ils sont morts, qu'il y a de péril à en dire quand ils sont vivants.

J'ai — fait que nos gens sont enfin dans la plaine. (LA FONTAINE.)

Un conquérant ruine presque — sa nation victorieuse que les nations vaincues.

Lambin, mon barbier et le vôtre,
Rase avec — de gravité,
Que tandis qu'il coupe un côté,
La barbe repousse de l'autre.   (DE TAILLY.)

Comment peut-on dépenser — d'argent en superfluités, au milieu de — de pauvres qui manquent de tout?

Bien des personnes ne sont aimables qu'— qu'elles sont heureuses.

Il me doit 99 fr. 50, — dire 100 francs.

Le vieux proverbe, — va la cruche à l'eau qu'elle se brise, signifie qu'en s'exposant souvent au même péril, on finit par s'en trouver mal.

> Et tous, — que nous sommes,
> Nous nous laissons tenter à l'approche des biens.
>
> (La Fontaine.)

Il sait du grec, madame, — qu'homme de France. (Molière.)

Ne vous fiez jamais aux promesses des enfants étourdis et paresseux; — en emporte le vent.

345. Exercice oral ou écrit. — Lire ou copier les phrases suivantes en remplaçant chaque tiret par *que* ou *combien.*

— les grands sont malheureux d'être presque toujours trompés!

— de gens s'imaginent qu'ils ont de l'expérience par cela seul qu'ils ont vieilli.

—'aimable est la vertu que la grâce environne! (André Chénier.)

— de fous et de méchants dans ce meilleur des mondes possibles! (D'Alembert.)

Nos amis ignorent souvent — nous avons de peine à les servir.

— de livres avez-vous dans votre bibliothèque?

—'il est peu de sujets fidèles à leur maître!

346. Exercice oral ou écrit. — Lire ou copier les phrases suivantes en remplaçant chaque tiret par *pas, point* s'il y a lieu.

Je crains que ce que je dis ici ne plaise — à tout le monde.

Il y a trois mois que je ne l'ai — vu et plus d'un an que je ne lui parle —.

> Pour être heureux n'excitez — l'envie;
> Le secret du bonheur est de cacher sa vie.

Ni les biens ni les honneurs ne valent — la santé.

La flatterie est une fausse monnaie qui n'a — de cours que par notre vanité.

Chose n'est — ici plus commune :
Le bien nous le faisons, le mal, c'est la fortune.
(La Fontaine.)

Votre mère, trop indulgente, est venue me voir, craignant que
vous ne soyez — puni.
Grand roi, c'est mon défaut, je ne saurais — flatter. (Boileau.)
Que n'avons-nous — autant d'ardeur pour l'étude que nous en
avons pour le jeu!
Votre mère, irritée, est venue me voir, craignant que vous ne
soyez — assez puni.

De l'esprit faut-il qu'on décide
Sur le bruit d'un parleur sans fin?
Ne sait-on — qu'un tonneau vide
Résonne mieux qu'un tonneau plein?

Socrate disait qu'il ne savait — qu'une chose : c'est qu'il ne
savait — rien.

347. Exercice oral ou écrit. — Lire ou copier les phrases suivantes en
remplaçant chaque tiret par *ne*, s'il y a lieu.

Depuis l'invention de la poudre, les batailles sont beaucoup moins
sanglantes qu'elles — l'étaient, parce qu'il — y a presque plus de
mêlée. (Montesquieu.)
Le tyran Pisistrate, après s'être emparé du pouvoir, gouverna
plus sagement que les Athéniens — s'y attendaient.
On se voit d'un autre œil qu'on — voit son prochain. (La Fontaine.)
C'est un homme sûr, qui ne pense pas autrement qu'il — parle.
Il n'y a pas un homme qui — ait ses défauts; le meilleur est celui
qui en a le moins.
Les pauvres sont moins souvent malades faute de nourriture que
les riches — le sont pour en prendre trop. (Fénelon.)

J'ai peur que l'univers, qui sait ma récompense,
— impute mes transports à ma reconnaissance. (Boileau.)

Quelle étrange idée ont les hommes de se réunir le soir dans
leurs maisons pour s'empêcher réciproquement de travailler ou de
dormir!

L'un dit : je — y vais point, je — suis pas si sot;
L'autre : je — saurais.... (La Fontaine.)

Il y a six mois que je — lui ai parlé; il y a même six mois que nous — nous voyons plus.

> Un lièvre en son gîte songeait;
> Car que faire en un gîte à moins que l'on — songe?
>   (LA FONTAINE.)

> Craignez, seigneur, craignez que le ciel rigoureux
> — vous haïsse assez pour exaucer vos vœux.   (RACINE.)

348. Exercice oral ou écrit. — Lire ou copier les phrases suivantes en remplaçant chaque tiret par *ne*, s'il y a lieu.

Vous écrivez mieux que vous — parlez.

Peut-on nier que la santé — soit préférable aux richesses?

Je ne doute pas que vous — soyez heureux; mais je doute que vous — puissiez l'être longtemps.

> Ne doutez point, seigneur, que ce coup — le frappe,
> Qu'en reproches bientôt sa douleur — s'échappe.   (RACINE.)

Je ne doute pas que César — ait été assassiné dans le sénat.

Je crains presque, je crains qu'un songe — m'abuse.   (RACINE.)

Pourriez-vous disconvenir que ce remède — soit meilleur que tous les autres? (SÉVIGNÉ.)

> Le soin de m'élever est le seul qui me guide,
> Sans que rien sur ce point — m'arrête ou m'intimide.
>   (CRÉBILLON.)

Il marche, dort, mange et boit comme tous les autres; mais cela n'empêche pas qu'il — soit fort malade. (MOLIÈRE.)

Vous ne sauriez nier qu'un homme — apprenne bien des choses en voyageant.

> Prends garde que jamais l'astre qui nous éclaire
> — te voie en ces lieux mettre un pied téméraire.   (RACINE.)

> Et je ne doute point, quoiqu'il n'en ait rien dit,
> Que tu — sois de tout le complice maudit.   (MOLIÈRE.)

Tenez ces petits oiseaux dans du coton, pour qu'ils — souffrent pas avant que leurs plumes — aient paru.

Vous n'empêcherez pas que ma gloire offensée
— en punisse aussitôt la coupable pensée. (RACINE.)
Peu s'en faut que Mathan — m'ait nommé son père. (Id.)
J'ai même défendu, par une expresse loi,
Qu'on — osât prononcer votre nom devant moi. (Id.)

349. Exercices oraux ou écrits. — A quelles remarques de grammaire historique peuvent donner lieu les phrases suivantes?

L'offrande estoit un rameau d'olive sacrée entortillé *à l'entour* de laine blanche. (Amyot, xvi° siècle.)

Je ne veux plus que moi *dedans* ma confidence. (CORNEILLE.)
Il est vrai, c'est tomber d'un mal *dedans* un pire. (MOLIÈRE.)
Je le tiendrai longtemps *dessous* votre fenêtre. (Id.)
Si *dessous* sa valeur ce grand guerrier s'abat. (CORNEILLE.)
Le ciel agit sans nous en ces événements,
Et ne les règle point *dessus* nos sentiments. (Id.)

Tarpéia leur vendit la place, pour l'envie qu'elle eut d'avoir les bracelets d'or qu'ilz portoient *à l'entour* de leurs bras. (AMYOT, xvi° siècle.)
Comme un mouton qui va *dessus* la foi d'autrui. (LA FONTAINE.)
C'est dans cette allée *où* devroit être Orphise. (MOLIÈRE.)
Chacun choisit *plustost* à discourir du mestier d'un autre que du sien. (Montaigne, xvi° siècle.)·
La force de la *male* tache du péché originel. (GUI PATIN.)
Apprenons à ne perdre jamais l'espérance, dans quelque abime de maux *où* nous soyons plongés. (BOSSUET.)
M. de Marsan mourut enragé de *malefaim* par une paralysie sur le gosier qui l'empêcha d'avaler. (SAINT-SIMON.)

350. — Même exercice.

J'évite l'apparence *autant comme* le crime. (CORNEILLE.)
Je ne sais tantôt plus *comme* vivre avec vous. (Id.)
Un cœur né pour servir sait mal *comme* on commande. (Id.)

Il y a *autant* de gloire à celui qui reçoit un bienfait de le publier, *comme* à celui qui le donne de n'en faire connoître que ce que celui qui l'a pris veut qu'on en sache. (MALHERBE, xvi° siècle.)
Un misérable *autant* ruineux à ses amis *qu'*à ses ennemis. (Id.)

*Autant qu'*il y a d'écrivains, *autant* chaque chose peut avoir de noms, si bon leur semble. (MALHERBE.)

Vous trouverez que la colère des rois n'en a pas fait *davantage* mourir, que le dépit et l'indignation des propres serviteurs. (Id.)

Je dois *autant* à l'un *comme* l'autre me doit.   (CORNEILLE.)
Se relever *plus* forts, *plus* ils sont abattus,
N'est pas aussi l'effet des communes vertus. (Id.)
Votre refus est juste *autant que* ma demande. (Id.)
Autant que sa fureur s'est immolé de têtes,
Autant dessus la sienne il croit voir de tempêtes. (Id.)
Tu juges mes desseins autres qu'ils *ne* sont *pas*. (Id.)
Le combat par sa fuite est-il *pas* terminé? (Id.)

351. Exercice. — Copier le morceau suivant en le transcrivant avec l'orthographe moderne.

Bataille de Crécy

Le vaillant et gentil roi de Behaigne, qui s'appelait messire Jean de Lucembourc, car il fut fils de l'empereur Henry de Lucembourc, entendit par ses gens que la bataille était commencée; car quoiqu'il fût là armé et en grand arroi, si ne véait-il goute et était aveugle. Si demanda aux chevaliers qui de lès lui étaient comment l'ordonnance de leurs gens se portait. Cils lui en recordèrent la vérité, et lui dirent : « Monseigneur, ainsi est; tous les Gennevois sont déconfits, et a commandé le roi eux tous tuer; et toutes fois entre nos gens et eux a si grand toullis que merveille, car ils chéent et trébuchent l'un sur l'autre, et nous empêchent trop grandement. » — « Ha! répondit le roi de Behaigne, c'est un povre commencement pour nous. » Lors demanda-t-il le roi d'Allemagne son fils, et dit : « Où est messire Charles mon fils? » Cils répondirent : « Monseigneur, nous ne savons; nous créons bien qu'il soit d'autre part, et qu'il se combatte. » Adonc, dit le roi à ses gens une grand'vaillandise : « Seigneurs, vous êtes mes hommes, mes amis et mes compagnons; à la journée d'huy je vous prie et requiers très espécialement que vous me meniez si avant que je puisse férir un coup d'épée. » Et ceux qui de lès lui étaient, et qui son honneur et leur avancement aimaient, lui accordèrent. Là était le Moine de Basèle à son frein, qui envis l'eût laissé; et aussi eussent plusieurs bons chevaliers de la comté de Lucembourc qui étaient tous de lès lui : si que, pour eux acquitter et qu'ils ne le perdissent en la presse, ils se lièrent par les freins de leurs chevaux tous ensemble, et mirent leur roi leur seigneur tout devant, pour mieux accomplir son désir; et ainsi s'en allèrent sur leurs ennemis.

Là était messire Charles de Behaigne, qui s'appelait et escrissait jà roi d'Allemaigne et en portait les armes, qui vint moult ordonnément jusques à la bataille; mais quand il vit que la chose allait mal pour eux, il s'en partit : je ne sais pas quel chemin il prit. Ce ne fit mie le bon roi son père, car il alla si avant sur ses ennemis que il férit un coup d'épée, voire trois, voire quatre, et se combattit moult vaillamment; et aussi firent tous ceux qui avec lui étaient pour l'accompagner; et si bien le servirent, et si avant se boutèrent sur les Anglais, que tous y demeurèrent, ni oncques nul ne s'en partit; et furent trouvés lendemain sur la place autour de leur seigneur, et leurs chevaux, tous allayés ensemble.

FROISSART (1333-1400).

352. Exercice. — Copier les vers suivants en les transcrivant avec l'orthographe moderne. — Apprendre par cœur le même morceau.

Avril

Avril, l'honneur et des bois
  Et des mois,
Avril, la douce espérance
Des fruits qui, sous le coton
  Du bouton,
Nourrissent leur jeune enfance;

Avril, l'honneur des prez verds,
  Jaunes, pers,
Qui, d'une humeur bigarrée,
Emaillent de mille fleurs
  De couleurs
Leur parure diaprée;

C'est toy, courtois et gentil,
  Qui d'exil
Retires ces passagères,
Ces arondelles qui vont,
  Et qui sont
Du printemps les messagères.

L'aubespine et l'aiglantier,
    Et le thym,
L'œillet, le lis, et les roses
En ceste belle saison,
    A foison,
Monstrent leurs robes écloses.

Le gentil rossignolet,
    Doucelet,
Découpe dessous l'ombrage
Mille fredons babillars
    Frétillars
Au doux chant de son ramage.

Tu vois, en ce temps nouveau,
    L'essaim beau
De ces pillardes avettes
Volleter de fleur en fleur,
    Pour l'odeur
Qu'ils mussent en leurs cuissettes.

REMY BELLEAU (1528-1577).

CHAPITRE VIII

SYNTAXE DE LA PRÉPOSITION

353. Exercice oral ou écrit. — Lire ou copier les phrases suivantes en indiquant à la fin de chacune d'elles l'idée marquée par la préposition *à*. Exemple : *Mon frère est allé à Paris* (direction); *il y est arrivé à minuit* (temps), etc.

Le nom d'animal est commun *à* l'homme et *à* la bête.
Il faut travailler *à* modérer ses passions.
A raconter ses maux souvent on les soulage.   (Corneille).
Un homme vain trouve son compte *à* dire du bien ou du mal de soi.

> Malheur au citoyen ingrat *à* sa patrie,
> Qui vend *à* l'étranger son avare industrie !   (Delille.)

Il ne faut jamais sacrifier l'honneur *à* l'intérêt.
On compte *à* Paris plus de deux millions d'habitants.
De tout temps l'idée de patriotisme a eu *à* souffrir de la lutte des partis.
Rebecca puisait de l'eau *à* la fontaine, lorsque Eliézer l'aperçut.

> Mon cœur toujours rebelle, et contraire *à* lui-même,
> Fait le mal qu'il déteste, et fuit le bien qu'il aime. (L. Racine.)

J'ai ôté cette perdrix *à* mon chien qui la dévorait.
La doctrine d'une vie *à* venir, des récompenses et des châtiments après la mort est nécessaire *à* toute société civile.
                                              (Voltaire.)

354. Exercice oral ou écrit. — Lire ou copier les phrases suivantes en indiquant à la fin de chacune d'elles l'idée marquée par la préposition *de*. Exemple : *Il vient de Paris* (point de départ).

Le titre *de* conquérant n'est écrit que sur le marbre, le titre *de* père du peuple est gravé dans les cœurs.

L'honnète homme est estimé même *de* ceux qui n'ont pas de probité.

Un rat, hôte *d'* un champ, rat *de* peu *de* cervelle,
Des lares paternels, un jour, se trouva saoûl.   (La Fontaine.)

Un diable *de* neveu
Me fait, par ses écarts, mourir à petit feu.   (Piron.)

Faire bon marché *de* son pays, railler ceux qui font preuve *de* patriotisme est *d'* un esprit léger et sottement égoïste.

Que voulez-vous! ce diable *d'*homme a toujours ses poches pleines d'arguments irrésistibles. (Beaumarchais.)

De larrons à larrons il est bien des degrés;
Les petits sont pendus et les grands sont titrés.
              (F. de Neufchateau.)

Les meilleurs vins viennent *de* la Bourgogne et du Bordelais.

355. Exercice oral ou écrit. — Lire ou copier les phrases suivantes en remplaçant chaque tiret par *en, dans,* ou *au, aux, à la, à des.*

Nous possédons — Asie, — l'Hindoustan, quelques débris de notre ancien empire colonial.

Poussés par l'esprit d'aventure, Cortez et Pizarre arrivèrent presque en même temps — Amérique, et tous deux fondèrent deux puissants empires, l'un — Mexique (1519), l'autre — Pérou (1533).

Porter de l'eau — rivière, c'est porter secours et assistance — des lieux ou — gens qui n'en ont pas besoin.

Qui ne songe qu'à soi quand la fortune est bonne
— le malheur n'a point d'amis.   (Florian.)

Demande-toi le soir, avant de te coucher, le bien que tu auras fait — la journée.

Quand vous vous mettez en colère, regardez-vous — un miroir.

Louis XVI abolit — France la coutume barbare de la question et détruisit les restes de l'ancienne servitude — ses domaines.

Il ne faut pas mettre tous ses œufs — le même panier : c'est-à-dire risquer toute sa marchandise — le même navire, mettre tout son argent — même endroit.

— ce siècle, la France a fondé — Afrique plusieurs colonies importantes : — Algérie, — Tunisie et, en dernier lieu, — Obok et — Congo, — l'Afrique méridionale.

Trouver la pie — nid se dit par dérision de ceux qui croient avoir fait une heureuse découverte ou être venus à bout d'une chose difficile.

On voit encore — l'Afrique centrale passer des convois d'esclaves avec la fourche — cou et la chaine — pieds.

Sous le bon roi René :

On vit partout — bords de la Durance
De grands troupeaux de moutons et de bœufs,
Poules alors pondaient de plus gros œufs,
Et l'âge d'or existait — Provence.   (Diouloufet.)

256. **Exercice oral ou écrit.** — Lire ou copier les phrases suivantes en remplaçant chaque tiret par *avant* ou *devant*, selon la règle.

Le plus tôt arrivé se place — les autres; le plus considérable se place — .

La conscience nous avertit en ami — de nous punir en juge.

La patrie doit passer — tout.

Règle ta propre conduite — critiquer celle des autres.

Au moyen âge, lorsqu'un chevalier s'était déshonoré, une manière de le dégrader consistait à trancher la nappe — lui, lorsqu'il était à table.

Il faut casser le noyau pour en avoir l'amande, c'est-à-dire prendre de la peine — retirer un profit de quelque chose.

257. **Exercice oral ou écrit.** — Lire ou copier les phrases suivantes en indiquant à la fin de chacune d'elles l'idée marquée par la préposition *par*. Exemple : *Il a passé* par *Bordeaux* (passage).

On va en Italie *par* le tunnel du mont Cenis.

J'ai appris *par* des étrangers la bonne nouvelle qui vous concernait.

Il s'écoulera encore quelque temps avant qu'on puisse voyager *par* air comme on voyage *par* eau.

Le loup est naturellement grossier et poltron; mais il devient ingénieux *par* besoin et hardi *par* nécessité.

Ne laissez pas cet enfant courir tout seul *par* les chemins.

Les oranges se divisent naturellement *par* quartiers enveloppés d'une peau mince et renfermant les pépins.

L'ennui est entré dans le monde *par* la paresse.

Les Anglais ont été chassés de Calais *par* François de Guise en 1558.

358. Exercice oral ou écrit. — Lire ou copier les phrases suivantes en indiquant à la fin de chacune d'elles l'idée marquée par la préposition *pour*. Exemple : *Il a fait cela* pour *sa mère* (intention).

Disputer sur la pointe d'une aiguille, c'est contester *pour* une bagatelle.

Scudéry passa parmi ses contemporains *pour* un grand poète et se déclara l'adversaire de Corneille.

Il ne faut pas être trop faible *pour* les enfants.

Il y a des gens qui donnent un œuf *pour* avoir un bœuf.

Il faut de la prudence *pour* éviter le malheur, et du courage *pour* le soutenir.

Salomon fut estimé dans tout l'Orient *pour* sa sagesse.

Un magistrat doit être sévère et impitoyable *pour* les perturbateurs du repos public.

Il faut aimer les gens non *pour* soi, mais *pour* eux.

Vous avez *pour* mère une femme excellente qui ne vit que *pour* vous.

Il est bien rare en ce monde qu'on donne rien *pour* rien.

359. Exercice oral ou écrit. — Lire ou copier les phrases suivantes en remplaçant chaque tiret par les locutions *près de* ou *auprès de, près de* ou *prêt à*.

On voit toujours — grands, à leur table, et quelquefois dans leur familiarité, des hommes alertes, spirituels, intrigants.

Toute perfection est — un défaut.

Quand les hirondelles reviennent, les beaux jours sont — revenir.

> Je définis la cour un pays où les gens
> Tristes, gais, — tout, à tout indifférens,
> Sont ce qui plait au prince.   (La Fontaine.)

« Il faut penser avec les habiles gens, mais parler avec le vulgaire », est un proverbe dirigé contre ceux qui, toujours — faire parade de leur savoir, ne savent pas se mettre à la portée du commun des mortels.

La terre n'est qu'un point — reste de l'univers.

Reprends — moi ta place accoutumée. (Corneille.)

Neuilly-sur-Seine forme une sorte de ville tout — Paris.

On dit qu'un navire se tient — vent lorsque sa voilure reçoit le vent obliquement et sous un angle plus grand que douze degrés.

360. Exercice oral ou écrit. — Lire ou copier les phrases suivantes en remplaçant chaque tiret par les locutions *auprès de* ou *au prix de, à travers* ou *au travers.*

La richesse n'est rien — la vertu.

— les flatteries des courtisans, l'intègre Sully faisait entendre à Henri IV la voix de la vérité.

L'art est bien peu de chose — la nature.

Nos soldats, bouillants et intrépides, se sont ouvert un passage — l'armée ennemie.

> Au sein de ses amis, — ses parents,
> Les plaisirs sont plus doux et les malheurs moins grands.
> (DELILLE.)

Le cuivre est vil — l'or.

Tous les ouvrages de l'homme sont vils et grossiers — moindres ouvrages de la nature, — un brin d'herbe ou de l'œil d'une mouche

> Quel chemin a pu jusqu'en ces lieux
> Vous conduire — un camp qui nous assiège. (RACINE.)

On ne voyait le soleil qu' — les nuages.

> Mais un gueux qui n'aura que l'esprit pour son lot,
> — un homme riche à mon gré n'est qu'un sot.
> (DESTOUCHES.)

> Apprenez, mon ami, que c'est une sottise
> De se venir jeter — un discours. (MOLIÈRE.)

361. Exercice oral ou écrit. — Lire ou copier les phrases suivantes en remplaçant chaque tiret par les locutions *envers* ou *vis-à-vis de, voici* ou *voilà.*

— tous mes forfaits ; en — le salaire. (RACINE.)

Il faut être indulgent — l'enfance et la faiblesse.

La droiture du cœur, la vérité, l'empire sur les passions, — la véritable grandeur.

Un bouffon coupable — son souverain fut condamné à mort. Il demandait grâce. « Je te laisse le choix de ton supplice, dit le roi, — la seule grâce que je puisse te faire ; choisis donc comment tu veux mourir. — De vieillesse », répondit le bouffon.

Mon père habite — de mes fenêtres.

Corps d'athlète et âme de sage, — ce qu'il faut pour être heureux.

Remplissez vos devoirs — Dieu, — la patrie et — vos parents.

« — et contre tous » est une locution qui terminait les formules des anciens serments de foi et hommage; elle signifiait contre tout le monde.

— trois médecins qui ne nous trompent pas :
Gaîté, doux exercice et modeste repas.

Le voyageur s'éloigne : et — qu'un nuage
L'oblige de chercher retraite en quelque lieu. (La Fontaine.)

362. Exercices oraux ou écrits. — Quel est le sens des prépositions *à, de, devant* dans les phrases suivantes?

Si je trouvois le diable *à* mon chemin, je lui passerois sur le ventre. (Malherbe, xvi° siècle.)

S'ils connoissoient quelqu'un qui fût plus homme de bien que les autres, ils se laissoient conduire *à* lui. (Id.)

Achève ton ouvrage *au* bien de cet empire. (Id.)
En disant cela vous ne faites que changer le nom *à* Dieu. (Id.)
On devient ton complice *à* te favoriser. (Corneille.)
Laisse-toi vaincre enfin *à* de si fortes armes. (Id.)
Je me laisse charmer *à* ce discours flatteur. (Id.)

Je fus reçu *de* mon oncle avec toute sorte d'amitié. (Racine.)

De quelle ardeur j'irais reconnaitre mon roi! (Id.)

Ce sont là les choses que Denys écrit *de* lui-même. (Id.)
Je pourrais vous dire qu'on vous fait beaucoup d'honneur *de* vous répondre. (Id.)
Vous êtes trop aimable *des* soins que vous avez pour votre maman. (Sévigné.)
Devant toutes choses, je lus quatre de vos lettres.   (Sévigné.)
Soyez très persuadée que nous ne songeons qu'à partir, et qu'il n'y a rien — cette envie ni — ce voyage. (Id.)

363. Exercices oraux ou écrits. — A quelles remarques de grammaire historique peuvent donner lieu les phrases suivantes?

En Lacédémone le pancrace et le ceste étoient défendus. (Malherbe, xvi° siècle.)
On le reconnoît *en* ce que toujours le bienfait est bon. (Id.)

Ils ne sont pas encore *en* terre, mais ils sont déjà dans le port. (Id.)
D'où nous vient, quand nous sommes *prêts à* mourir, le soin de
reconnoître ceux qui nous ont fait plaisir. (Id.)
J'ai cru qu'il suffisoit de les mettre *en* la protection des habitants.
(La Rochefoucault.)
   La philosophie triomphe aisément des maux passés et de ceux
qui ne sont pas *prêts d'*arriver, mais elle n'a pas grande vertu
contre les maux présents. (Id.)
Pour s'acquitter *vers* moi de ce qu'elle me croyait devoir. (Id.)

   Je te peindrai vaillant, juste, bon, libéral,
   Invincible *en* la guerre, *en* la paix sans égal. (Corneille.)

   On a fait contre vous dix entreprises vaines;
   Peut-être que l'onzième est *prête d'*éclater. (Id.)   ●

Mais ce n'est rien encore *au prix de* ce qui reste. (Id
Pour m'acquitter *vers* lui j'irai me déclarer. (Id.)
A travers les rochers la peur les précipite. (Racine.)

364. Exercice. — Copier le morceau suivant en le transcrivant avec l'orthographe moderne.

La correspondance de Montaigne

J'ay naturellement un style comique et privé; mais c'est d'une
forme mienne, inepte aux négociations publicques, comme en
toutes façons est mon langage, trop serré, désordonné, coupé, particulier : et ne m'entends pas en lettres cérémonieuses, qui n'ont
aultre substance que d'une belle enfileure de paroles courtoises. Je
n'ay ny la faculté ny le goust de ces longues offres d'affection et
de service : je n'en crois pas tant, et me desplaist d'en dire gueres
oultre ce que j'en crois. C'est bien loing de l'usage present; car i
ne feut jamais si abject et servile prostitution de présentations, la
vie, l'ame, dévotion, adoration, serf, esclave, touts ces mots y courent si vulgairement, que quand ils veulent faire sentir une plus
expresse volonté et plus respectueuse, ils n'ont plus de manière
pour l'exprimer.
   Je hais à mort de sentir le flatteur : qui faict que je me ; cue naturellement à un parler sec, rond et crud, qui tire, à qui ne me
cognoist d'ailleurs, un peu vers le dédaigneux. J'honore le plus
ceulx que j'honore le moins; et, où mon âme marche d'une grande
alaigresse, j'oublie les pas de la contenance; et m'offre maigrement
et fièrement à ceulx à qui je suis, et me présente moins à qui je
me suis le plus donné : il me semble qu'ils le doibvent lire en mon

cœur, et que l'expression de mes paroles faict tort à ma conception.
A bienveigner, à prendre congé, à remercier, à saluer, à présenter
mon service, et tels compliments verbeux des loix cerimonieuses de
nostre civilité, je ne cognois personne si sottement sterile de langage que moy : et n'ay jamais esté employé à faire des lettres de
faveur et recommandation, que celuy pour qui c'estoit n'aye
trouvees seches et lasches. J'escris mes lettres toujours en poste,
et si précipiteusement, que quoyque je peigne insupportable-
ment mal, j'aime mieulx escrire de ma main que d'y en employer
une aultre ; car je n'en treuve point qui me puisse suyvre, et ne
les transcris jamais. J'ay accoustumé les grands qui me cognoissent
à y supporter des litures et des trasseures, et un papier sans plieure
et sans marge. Celles qui me coustent le plus sont celles qui valent
le moins : depuis que je les traisne, c'est signe que je n'y suis pas.
Je commence volontiers sans project ; le premier traict produict le
second. Les lettres de ce temps sont plus en bordures et prefaces,
qu'en matière. Comme j'aime mieulx composer deux lettres que
d'en clore et plier une, et résigne tousjours ceste commission à
quelque aultre : de mesme, quand la matière est achevee, je don-
nerois volontiers à quelqu'un la charge d'y ajouster ces longues
harangues, offres et prieres que nous logeons sur la fin ; et désire
que quelque nouvel usage nous en descharge, comme aussi de les
inscrire d'une legende de qualitez et tiltres.

MONTAIGNE (1533-1592).

365. Exercice. — Copier les vers suivants en les transcrivant avec l'orthographe moderne.

Un vanneur de bled aux vents

A vous, trouppe légère,
Qui d'aile passagère
Par le monde volez,
Et d'un siflant murmure
L'ombrageuse verdure
Doucement esbranlez,

J'offre ces violettes,
Ces lis et ces fleurettes,
Et ces roses icy,
Ces merveillettes roses,
Tout freschement écloses,
Et ces œillets aussi.

De vostre douce haleine
Evantez ceste plaine,
Evantez ce séjour :
Ce pendant que j'ahanne
A mon bled que je vanne
A la chaleur du jour.

JOACHIM DU BELLAY (1524-1560).

CHAPITRE IX

SYNTAXE DE LA CONJONCTION

366. Exercice oral ou écrit. — Lire ou copier les phrases suivantes en remplaçant chaque tiret par *ni* ou *et*.

Remontrances, menaces, punitions, tout a été épuisé sans succès pour corriger la paresse de cet enfant.

L'esprit, la science —. la vertu sont les véritables biens de l'homme.

Il est toujours délicat de conduire des jeunes gens : on ne peut — tout leur défendre, — tout leur permettre.

> Cherchez quels sont les biens véritables — faux,
> Quel chemin le plus droit à la gloire nous guide,
> — la vaste science, — la vertu solide. (Boileau.)

Les Grecs, pour caractériser un homme profondément ignorant, disaient : il ne sait — lire — nager.

Le sage est ménager du temps — des paroles. (La Fontaine.)

Les oiseaux ne sèment — ne moissonnent — pourtant ils trouvent toujours à manger.

Lequel des deux amis a tort, — celui qui cesse d'aimer — celui qui cesse de plaire? (Marmontel.)

On ne peut trop aimer sa patrie — se montrer trop jaloux de sa gloire.

Qui des deux est plus fou, le prodigue — l'avare? (Regnard.)

Rien n'est constant dans le monde, — les fortunes les plus florissantes, — les amitiés les plus vives, — les réputations les plus brillantes, — les faveurs les plus enviées. (Massillon.)

> Dans ce cœur malheureux son image est tracée ;
> La vertu — le temps ne l'ont point effacée. (Voltaire.)

Plusieurs îles dé l'Océanie sont le résultat des éruptions volcaniques — des bancs de madrépores; on y trouve peu — point d'eau douce.

367. Exercice oral ou écrit. — Lire ou copier les phrases suivantes en remplaçant chaque tiret par la conjonction *que*, s'il y a lieu.

Périclès était aussi éloquent — brave.

Il ne reste de l'homme — la mémoire du bien ou du mal qu'il a fait.

On paraît plus facilement digne des emplois qu'on n'a pas — de ceux qu'on exerce.

Êtes-vous bien sûr — la fortune des parents soit un bienfait pour les enfants?

C'est une chose bien difficile — de savoir conserver ce qu'on a.

Les hommes ont deux oreilles et une seule langue, ce qui prouve — ils doivent moins parler — écouter.

On n'est jamais si ridicule par les qualités que l'on a, — par celles que l'on affecte d'avoir.

Ainsi — la vertu le crime a ses degrés. (RACINE.)

Petit à petit l'oiseau fait son nid : c'est-à-dire — avec le temps et la patience on vient à bout de tout.

Saviez-vous — on tue un bouvreuil rien — en le retournant?

Il est évident — celui qui se dit « citoyen du monde » est un étranger partout.

Un axiome est une vérité si évidente — il est inutile de la démontrer, sauf aux esprits biscornus.

Les hommes ont la volonté de rendre service jusqu'à ce — ils en aient le pouvoir. (VAUVENARGUES.)

L'honneur est comme une île escarpée et sans bords,
On n'y peut plus rentrer dès — on en est dehors. (BOILEAU.)

368. Exercice oral ou écrit. — Lire ou copier les phrases suivantes en remplaçant chaque tiret par *que* ou en répétant la première conjonction.

Approchez, — je vous explique cette règle.

Si les hommes étaient sages et — ils suivissent les lumières de la raison, ils s'épargneraient bien des chagrins.

Quand une lecture vous élève l'esprit, et — elle vous inspire des sentiments nobles et courageux, ne cherchez pas une autre règle pour juger de l'ouvrage : il est bon et fait de main d'ouvrier.

Lorsqu'on a des dispositions et — on veut étudier, on fait des progrès rapides.

Il ne se passe pas de jour — il ne lui arrive quelque accident.

Qu'avez-vous donc, dit-il, — vous ne mangez point? (BOILEAU).

Quand un homme a amassé de grandes richesses, et — il jouit de la considération attachée à sa fortune, souvent il ne lui reste rien à désirer — des enfants bien élevés.

Puisqu'on plaide et qu'on meurt et — on devient malade,
Il faut des médecins, il faut des avocats. (LA FONTAINE.)

369. Exercice oral ou écrit. — Lire ou copier les phrases suivantes en remplaçant chaque tiret par les locutions *parce que* ou *par ce que*, *quoique* ou *quoi que*, *quand* ou *quant à*.

— la pauvreté entre chez vous, c'est bien souvent — un vice lui a ouvert la porte.

— invisibles, il est toujours deux témoins qui nous regardent : Dieu et la conscience. (FÉNELON.)

Le proverbe familier: en avoir dans l'aile, signifie être âgé de cinquante ans, — la lettre L, employée comme chiffre, exprime le nombre cinquante. C'est par erreur qu'on a vu dans cette phrase l'idée d'un oiseau blessé.

— je vois... — je vois... — aura-t-il tout vu?

*Quoiqu'*il n'y ait rien de si naturel à l'homme que d'aimer et de connaître la vérité, il n'y a rien qu'il aime moins et qu'il cherche moins à connaître. Il craint de se voir tel qu'il est, — il n'est pas tel qu'il devrait être. (FLÉCHIER.)

Rien n'éblouit les grandes âmes, — rien n'est au-dessus d'elles.

— vous écriviez, évitez la bassesse :
Le style le moins noble a pourtant sa noblesse. (BOILEAU.)

Vous pouvez — vous avez vu juger de la paresse des hommes.

— vous fassiez de grand et d'honnête, il y aura toujours des insensés pour vous blâmer.

Vous devez savoir, — vous avez lu dans la grammaire, que la langue française vient du latin.

Et — berger, l'on peut dire
Qu'il était digne de tous maux.   (LA FONTAINE.)

Les grands hommes entreprennent de grandes choses — elles sont grandes, et les fous — ils les croient faciles. (VAUVENARGUES.)

— on dise, un ânon ne deviendra qu'un âne.   (GROZELIER.)

370. Exercices oraux ou écrits. — A quelles remarques de grammaire historique peuvent donner lieu les phrases suivantes?

Je me prête aux choses, mais je ne m'y attache pas, *ni* ne cherche *point* les occasions de perdre le temps. (MALHERBE, xvi° siècle.)
Les choses que l'on manie ordinairement ne sont point en danger de se couvrir *ni* de rouille *ni* de poussière. (Id.)

    Toute la France sait fort bien
    Que je n'estime *ou* reprends rien
    Que par raison et par bon titre. (Id.)

Elles étaient demeurées en état de se révolter *toutes et quantes fois* que bon leur sembleroit. (Id.)
Quoi qu'il die [dise] et qu'il s'en réjouisse, je ne lui ai point fait de plaisir. (Id.)

    Ce n'est point *ni* son choix *ni* l'éclat de sa race
    Qui me fait, grande reine, espérer cette grâce. (CORNEILLE.)

Ni ces roues, ni cette boule n'ont pu se donner le mouvement *ou* ne l'ont point par leur nature. (LA BRUYÈRE.)

271. Exercice. — Copier le morceau suivant en le transcrivant avec l'orthographe actuelle.

Comment le prince de Galles donna à souper au roi de France le jour de la bataille

Quant vint au soir, le Prince de Galles donna à soupper, en sa loge, au Roy de France, et à la plus grande partie des Princes et Barons, qui estoyent là prisonniers, et assit le Prince le Roy de France, son fils messire Philippe, messire Jacques de Bourbon, monseigneur Jehan d'Artois, le comte de Tancarville, le comte d'Estampes, le comte de Dampmartin, le comte de Graville, et le seigneur de Partenay, à une table haute et bien couverte, et tous les autres Barons et Chevaliers à autres tables. Et servoit toujours le Prince au devant de la table du Roy, et par toutes les autres tables, aussy humblement comme il pouvoit, n'oncques ne se voulut seoir à la table du Roy, pour prière que le Roy en fist; ains disoit qu'il n'estoit encore mie assez suffisant, qu'il luy appartenist de soy seoir à la table de si grand Prince, et de si vaillant homme, que le corps du Roy estoit, et luy disoit bien : « Cher Sire, ne veuillez me faire simple chere, pourtant si Dieu n'a voulu huy consentir vostre

vouloir; car certainement Monseigneur mon pere vous fera tout
honneur et amitié le plus qu'il pourra, et s'accordera à vous si rai-
sonnablement, que vous demourrez bons amis ensemble à tousjours, et m'est advis que avez grand'raison de vous éliesser, combien que la journée ne soit tournée à vostre gré. Car vous avez
aujourd'huy conquis le haut nom de prouesse, et avez passé aujour-
d'huy tous les mieux faisans de vostre costé. Je ne le di mie, Cher
Sire, pour vous louer: car tous ceux de nostre partie, qui ont veu
les uns et les autres, se sont, par pleine conscience, à ce accor-
dés, et vous en donne le pris et le chapelet. » A ce point commen-
cerent tous à murmurer, et disoyent entre eux François, que
noblement et à poinct le Prince avoit parlé, et disoyent qu'en luy
avoit et auroit encores un gentil Seigneur, s'il pouvoit durer longuement et vivre, et en telle fortune perseverer.

Froissart (1333-1400).

372. Exercice. — Copier les vers suivants en les transcrivant avec l'orthographe actuelle. — Apprendre par cœur le même morceau.

L'amour du clocher

Heureux qui, comme Ulysse, a fait un beau voyage,
Ou comme celuy-là qui conquit la toison,
Et puis est retourné, plein d'usage et raison,
Vivre entre ses parents le reste de son âge !

Quand revoyroy-je, hélas ! de mon petit village
Fumer la cheminée ? Et en quelle saison
Revoyroy-je le clos de ma pauvre maison,
Qui m'est une province, et beaucoup davantage ?

Plus me plaist le séjour qu'ont basty mes ayeulx
Que des palais romains le front audacieux ;
Plus que le marbre dur me plaist l'ardoise fine ;

Plus mon Loyre gaulois que le Tybre latin ;
Plus mon petit Lyré que le mont Palatin,
Et plus que l'air marin la doulceur angevine.

Joachim Du Bellay (1524-1560).

DEUXIÈME PARTIE

SYNTAXE DES PROPOSITIONS

CHAPITRE I

PROPOSITIONS SUBORDONNÉES — PROPOSITIONS INCIDENTES

1. EMPLOI DES MODES DANS LES PROPOSITIONS SUBORDONNÉES

373. Exercice oral ou écrit. — Lire ou copier les phrases suivantes en mettant au mode convenable les verbes laissés à l'infinitif.

Tous les fleuves s'étendent à mesure qu'ils s'*éloigner* de leur source.

Les gens en place ne doivent pas employer des hommes vicieux, bien persuadés qu'on leur *imputer* ce qu'ils *pouvoir* faire de mal.

Dès qu'un homme s'*élever*, on veut tenir à lui par quelque endroit.

A la bataille de Coutras, Henri IV dit aux princes de Condé et de Soissons : « Souvenez-vous que vous *être* du sang des Bourbons; vive Dieu! je vous ferai voir que je *être* votre aîné. — Et nous, s'écrient les princes, nous vous montrerons que nous *être* de bons cadets. »

L'homme est ainsi fait que la vue des misères d'autrui *adoucir* fortement les siennes.

Vous mériterez l'estime de tout le monde si vous *accomplir* tous vos devoirs.

Un législateur qui *enfreindre* ses propres lois *engager* les autres à les enfreindre.

Je vous passerai cet ouvrage dès que je l'*avoir lu.*

Vous embelliriez votre vieillesse si vous *aimer* des connaissances utiles.

Il est ridicule de s'abandonner au chagrin, parce qu'il ne *pouvoir* qu'accroître le mal dont on se plaint.

Les musées de Paris se sont enrichis à mesure que ceux de province s'*appauvrir.*

374. Exercice oral ou écrit. — Lire ou copier les phrases suivantes en mettant au mode convenable les verbes laissés à l'infinitif.

Il y a des masses immenses d'eau glacée sous les pôles, de sorte que les intrépides voyageurs qui cherchent à parvenir au pôle nord *être* souvent arrêtés et emprisonnés au milieu des glaces.

Quelque obstiné qu'on *être,* il faut bien que, bon gré mal gré, on se *rendre* à l'évidence.

Pour que la France *échapper* aux Anglais, il fallait que Jeanne d'Arc *réveiller* l'amour de la patrie.

A la bataille d'Ivry Henri IV, voyant les siens faiblir, s'écriait : « Tournez visage, afin que, si vous ne voulez pas combattre, pour le moins vous me *voir* mourir! »

La France était puissante avant que l'Angleterre *prendre* rang parmi les nations.

La vie d'Alexandre fut trop courte pour qu'il *mettre* la dernière main à ses projets.

L'histoire aurait bien changé de face si les Sarrasins avaient conquis la France et qu'ils l'*avoir gardée.*

On a dit que l'adjectif était l'ennemi intime du substantif, bien qu'il s'*accorder* avec lui en genre et en nombre; c'est-à-dire qu'il faut user modérément des qualificatifs.

Le loup et le chien se ressemblent, bien qu'ils *être* ennemis.

La fortune est trop inconstante pour qu'on *pouvoir* compter sur ses faveurs.

La voûte des théâtres est construite de telle sorte que les sons des voix et des instruments y *avoir* une grande puissance.

375. Exercice oral ou écrit. — Lire ou copier les phrases suivantes en mettant au mode convenable les verbes laissés à l'infinitif.

On a beau étudier les hommes, il est rare qu'on les *connaître* à fond.

Croyez-vous que la terre nous *fournir* éternellement ses fleurs et ses fruits?

Il serait étrange que l'homme *prétendre* tout connaître.

S'il arrivait à Rome qu'on *intenter* quelque procès aux plébéiens, c'était au patron à plaider pour ses clients.

Ignorez-vous que l'hiver *être* l'époque où le soleil est le plus rapproché de nous?

Ne suffit-il pas que la mort de nos parents nous *avertir* de notre fin prochaine?

Est-il possible que vous *avoir exaucé* mes vœux!

Obéis, si tu veux qu'on t'*obéir* un jour.

Saviez-vous que le duc de Richelieu, au temps de l'émigration, *être* un des fondateurs d'Odessa?

Quand on ne peut pas mettre son nom au bas d'une lettre, c'est le signe presque certain qu'on ne *devoir* pas l'écrire.

Il est bon qu'un jeune homme *être* l'artisan de sa propre fortune.

Au siège de la Rochelle par Louis XIII, un magistrat dit au maire Jean Guiton : « Bientôt nous n'aurons plus d'habitants. — Il suffit, répondit Guiton, qu'il y en *avoir* un pour fermer les portes. »

Il est fâcheux que les plus belles intelligences s'*affaiblir* avec l'âge.

Je souhaite que vous *venir* ici, que vous *parcourir* nos belles vallées, que vous *escalader* nos montagnes.

Pour que les hommes *accomplir* de grandes choses, il faut que l'exemple les *animer*, que l'émulation les *exciter*.

Les honnêtes gens craignaient que Catilina ne s'*emparer* du Capitole et ne *livrer* la ville à un horrible pillage.

Ne pense pas, parce que tu *être* riche, que tu *être* dispensé d'être modeste.

376. Exercice oral ou écrit. — Lire ou copier les phrases suivantes en mettant au mode convenable les verbes laissés à l'infinitif.

Il semble que de tout temps la vérité *avoir eu* peur de se montrer aux hommes, et que les hommes *avoir eu* peur de la vérité.

Il est certain que le savoir *être* d'une grande ressource dans l'adversité.

N'est-il pas vrai que l'œuvre de Montaigne *être* un des monuments les plus parfaits de la littérature française.

Après plusieurs charges où ses troupes ont été repoussées, Catinat veut tenter un dernier effort : « Ne pensez-vous pas que nous *aller* à la mort? dit un officier. — Il est vrai, répond Catinat, que la mort *être* devant, mais la honte est derrière. »

Il semble que la finesse *tenir* le milieu entre le vice et la vertu.

Il est certain que le courage *mettre* l'homme au-dessus de la fortune et donne un fier et âpre plaisir qui étonne la faiblesse.

Il est clair qu'il *valoir* mieux être l'ouvrier de sa propre fortune que d'en être l'ouvrage.

On a dit qu'en France tout *finir* par des chansons.

Il semble que la variété dans la couleur des yeux *être* particulière à l'espèce humaine.

Dieu *vouloir* que la raison gouverne seule et toujours sur la terre!

Pouvoir, avant de mourir, voir nos armées victorieuses et nos frontières rétablies!

2. EMPLOI DES MODES DANS LES PROPOSITIONS INCIDENTES

377. Exercice oral ou écrit. — Lire ou copier les phrases suivantes en mettant au mode convenable les verbes laissés à l'infinitif.

Bossuet a dit que les arts *arriver* plus rapidement à leur perfection si les enfants *exercer* l'industrie dans laquelle *exceller* leurs pères.

La plus ancienne des idolâtries est celle qui *avoir* pour objet le soleil et la lune.

Il n'y a rien de si douloureux que l'étude n'*adoucir*.

Si l'on vous indique un pays où les hommes *être* presque parfaits, quittez tout pour aller y vivre; sinon, restez chez vous.

Les Français, trompés par le brouillard, ignoraient quelle *être* la force de leurs ennemis.

Savez-vous qui *suspendre* dans le ciel ces innombrables étoiles?

Il n'est métal si dur que le feu n'*amollir*.

Les Égyptiens sont les premiers qui bien *connaître* les règles du gouvernement.

Le Tasse disait que le Camoens était le seul rival qu'il *craindre* en Europe.

La multitude à Athènes avait besoin d'un chef qui *flatter* ses caprices.

Nous ne comprenons jamais les raisons qui *être opposées* aux nôtres.

Le meilleur usage que l'on *pouvoir* faire de son esprit, c'est de ne pas en faire parade.

3. EMPLOI DES TEMPS DE L'INDICATIF, DU CONDITIONNEL
ET DU SUBJONCTIF

378. Exercice oral ou écrit. — Lire ou copier les phrases suivantes en mettant au mode et au temps convenables les verbes laissés à l'infinitif.

On éprouve une satisfaction réelle quand on *rendre* service à un ami.

Rien n'a tant d'influence sur le cœur humain que la voix d'une amitié sincère, parce qu'on *savoir* qu'elle ne nous parle jamais que pour notre intérêt.

Louis XI voulut que son fils *vivre* loin de la cour.

Nous nous imaginons difficilement que les famines *être* fréquentes en Europe dans les siècles précédents.

Dieu a donné la raison à l'homme afin qu'il *pouvoir* se commander à lui-même avant de commander aux autres.

Je vous laisse, de peur que ma présence ne *être* désagréable à quelqu'un.

Il faudra que tôt ou tard la vérité *être* connue et proclamée.

L'amitié d'un vieillard est la seule qui *être* vraiment désintéressée.

Clovis eut quatre fils, qui *partager* entre eux son royaume.

Alexandre abattit la puissance des Perses et fonda un empire immense qui ne *pouvoir* lui survivre.

Si vous *être* plus âgés, vous comprendriez mieux l'importance du travail.

Avec un pareil temps on croirait volontiers que l'ordre des saisons *être* dérangé.

379. Exercice oral ou écrit. — Lire ou copier les phrases suivantes en mettant au mode et au temps convenables les verbes laissés à l'infinitif.

Les Perses voulaient qu'on *imprimer* fortement l'amour de la vérité dans le cœur des enfants.

Pour bien juger cette querelle, il faudrait que vous *entendre* les deux parties.

Croyez-vous qu'un général *choisir* toujours son champ de bataille?

Montesquieu doute qu'Annibal *pouvoir* prendre la ville de Rome après la bataille de Cannes.

Vous auriez mérité qu'un ami vous *quitter* si vous cessiez de l'aimer après son éloignement.

Vous ne saviez pas que les castors *construire* leurs demeures avec tant d'art.

C'est au déclin de la vie que les livres *être* plus que jamais nos amis.

Je ne crois pas que Léonidas *quitter* son poste périlleux si on le lui avait permis.

Amilcar méritait qu'on lui *confier* le commandement de l'armée qui dévait agir en Espagne.

N'employez aucune fiction qui ne *être* une image sensible de la vérité.

Quand je lus les *Guêpes* d'Aristophane, je ne songeais pas que je *devoir* faire *les Plaideurs*. (RACINE.)

Philippe désirait vivement qu'Aristote se *charger* de l'éducation d'Alexandre.

Charlemagne voulait que les enfants des nobles *fréquenter* les écoles.

Pour se maintenir en Italie, il fallait qu'Annibal *recruter* des soldats, *secourir* ses alliés, *effrayer* Rome et se *défendre* à Carthage des perfides accusations de ses détracteurs.

Auguste regrettait amèrement que Varus *perdre* ses légions.

Je doute que les premiers hommes *connaître* l'écriture.

Je ne crois pas que les voleurs *entrer* dans une maison s'ils la savaient bien gardée.

Craignez que votre manière de donner ne *rendre* vos dons haïssables.

380. Exercices oraux ou écrits. — A quelles remarques de grammaire nistorique peuvent donner lieu les phrases suivantes?

Vouloir ce que Dieu veut est la seule science
　　　　Qui nous met en repos. (MALHERBE, XVIᵉ siècle.)

Si je n'eusse empêché leur confiscation, il y a longtemps qu'elle fût donnée. (Id.)

Je suis marri que je ne puis satisfaire au désir que vous avez. (Id.)

Il n'y a point de doute qu'il n'y a personne qu'un serviteur ne puisse obliger. (Id.)

Qui se dépêche de rendre pense qu'on lui ait prêté quelque chose, et non pas qu'on lui ait fait plaisir. (Id.)

Qui est celui qui meure sans quelque regret? (MALHERBE.)

Il s'opposa à ce projet, et leur fit trop connoître qu'il ne pouvoit jamais y consentir. (LA ROCHEFOUCAULD.)

Je vous souhaiterois une femme de chambre qui ne sait pas bien peigner. (Id.)

Mon père a consenti que je suive son choix. (CORNEILLE.)

Le mérite y fait tout, et tel plaît à mes yeux
Que je négligerois près d'un qui valût mieux. (Id.)

Je vous fais une réparation : je croyois que vous n'eussiez point fait réponse au cardinal. (SÉVIGNÉ.)

N'admirez-vous point que Dieu m'a ôté encore cet amusement? (Id.)

Nous trouvâmes plaisant qu'il avoit retenu ce bon mot. (Id.)

C'était le plus beau repas de carême qu'il est possible de voir. (Id.)

Ah! vous deviez du moins plus longtemps disputer. (RACINE.)

Croyez-vous que vous fissiez mal d'aller vous-même une fois chez lui. (Id.)

La mort est le seul Dieu que j'osois implorer. (Id.)

Vous diriez qu'il ait l'oreille du prince ou le secret du ministre.
(LA BRUYÈRE.)

Il n'y a personne au monde qui ne dût avoir une forte teinture de philosophie. (Id.)

381. Exercice. — Copier le morceau suivant en le transcrivant avec l'orthographe moderne.

Le savetier Blondeau et le singe

Blondeau se trouva fasché d'un monsieur qui demeuroit tout vis-à-vis de sa logette, au moins il avoit sa logette tout vis-à-vis de monsieur, lequel quidam monsieur avoit un singe qui faisoit mille maulx au povre Blondeau; car il l'espioit d'une fenestre haulte quand il tailloit son cuir et regardoit comme il faisoit; et aussitost que Blondeau estoit allé disner ou en quelque part à son affaire, ce singe descendoit et venoit en la loge de Blondeau, et prenoit son trenchet et découppoit le cuir de Blondeau comme il l'avoit veu faire; et de cela faisoit coustume à tous les coups que Blondeau s'escartoit. De sorte que le povre homme fut tout un temps qu'il n'osoit aller boire ny manger hors de sa boutique sans enfermer son cuir. Et si quelques fois il oublioit à le serrer, le singe n'oublioyt pas à le lui tailler en lopins, chose qui faschoit fort, et si n'osoit pas faire mal à ce singe, par crainte de son maistre. Quand il en fut bien ennuyé, il délibéra de s'en venger. Après s'estre bien apperceu de la manière qu'avoit ce singe, qui estoit de faire en la propre sorte qu'il voioyt faire (car si Blondeau avoit aiguisé son trenchet, ce singe l'aiguisoit après luy ; s'il avoit poissé du ligneul, aussi faisoit ce singe ; s'il avoit cousu quelque carrellure, ce singe s'en venait jouer des coudes comme il luy avoit veu faire); à l'une des fois Blondeau aiguisa son trenchet et le flt couper comme un rasoir, et puis, à l'heure qu'il vied ce singe en aguet, il commença à mettre ce trenchet contre la gorge et le mener et ramener comme s'il se fust voulu egosiller. Et quant il eut fait cela assez longuement pour le faire adviser à ce singe, il s'en part de la boutique, et s'en va disner. Ce singe ne faillit pas incontinent à descendre, car il vouloit s'esbattre à ce nouveau passe-temps, qu'il n'avoit point encore veu faire. Il vint prendre ce trenchet, et tout incontinent se le met contre la gorge, en le menant et ramenant. Mais il l'approcha trop près, et ne se print garde qu'en le frayant contre sa gorge, il se couppe le gosier de ce trenchet, qui estoit si bien affilé, dont il mourut avant qu'il fust une heure de là. Ainsi Blondeau fut vengé de son singe sans danger.

BONAVENTURE DESPÉRIERS (1544).

382. Exercice. — Copier les vers suivants en les transcrivant avec l'orthographe moderne.

L'invasion barbare

Comme le champ semé en verdure foisonne,
De verdure se hausse en tuyau verdissant,
Du tuyau se hérisse en espic florissant.
L'espic jaunit en grain, que le chaud assaisonne ;

Et comme en la saison le rustique moissonne
Les ondoyans cheveux du sillon blondissant,
Les met d'ordre en javelle, et du blé jaunissant,
Sur le champ dépouillé, mille gerbes façonne ;

Ainsi, de peu à peu, creut l'Empire romain,
Tant qu'il fut despouillé par la barbare main
Qui ne laissa de luy que ces marques antiques

Que chacun va pillant : comme on voit le gleneur,
Cheminant pas à pas, recueillir les reliques
De ce qui va tombant après le moissonneur.

JOACHIM DU BELLAY (1524-1560).

CHAPITRE II

PROPOSITIONS INFINITIVES — PROPOSITIONS PARTICIPES

383. Exercice oral ou écrit. — Lire ou copier les phrases suivantes en soulignant d'un trait les propositions infinitives.

Les savants sont des livres vivants qui éclairent l'esprit sans incommoder la vue.

Cherchez toujours à vous apprivoiser avec vos misères.

Chaque homme a des devoirs à remplir, rien ne peut le soustraire à cette obligation.

Quand on a bien vécu, on voit venir la mort sans effroi.

Ne lisez vos ouvrages qu'à quelqu'un qui sache assez pour les corriger et les estimer.

La torture était une invention merveilleuse pour perdre un innocent d'une faible complexion et sauver un coupable d'une constitution vigoureuse.

384. Exercice oral ou écrit. — Lire ou copier les phrases suivantes en soulignant d'un trait les propositions participes.

La ville de Jérusalem ayant été prise par Titus, les soldats romains incendièrent le Temple.

Le philosophe Callisthène n'ayant pas voulu adorer Alexandre comme un dieu, le roi, irrité, le fit mettre dans une cage de fer.

Un pot au lait bien posé sur sa tête, Perrette se rendait à la ville en faisant mille projets d'avenir.

La tempête une fois apaisée, on trouva dans la forêt bien des arbres abattus par le vent.

La lettre lue, le général harangua ses troupes et leur annonça la bataille pour le lendemain.

Le lion étant devenu vieux, l'âne lui-même osa l'insulter.

> Mais, les vices étant venus,
> Dès ce moment la Mort n'hésita plus. (FLORIAN.)

385. Exercice. — Copier les vers suivants en les transcrivant avec l'ortho-graphe moderne. — Apprendre par cœur le même morceau.

Les trois sourds

Un sourd fit un sourd assigner
Devant un sourd dans un village,
Puis s'en vint son droict entonner ;
La demande estoit d'un fromage ;
L'aultre respond du labourage ;
Le juge estant sur ce suspens
Déclara bon le mariage
Et les renvoya sans despens.

MELLIN DE SAINT-GELAIS (1491-1558)

386. Exercice. — Copier le morceau suivant en le transcrivant avec l'or-thographe moderne.

La crainte de la mort

Le but de nostre carriere c'est la mort, c'est l'object necessaire de nostre visée : si elle nous effraye, comme est-il possible d'aller un pas en avant, sans fievre ? Le remede du vulgaire c'est de n'y penser pas. Mais de quelle brutale stupidité lui peut venir un si grossier aveuglement ? Il luy faut faire brider l'asne par la queuë.

Ce n'est pas de merveille, s'il est si souvent pris au piege. On fait peur à nos gens seulement de nommer la mort, et la plupart s'en seignent comme du nom du diable. Et parce qu'il s'en faict mention aux testamens, ne vous attendez pas qu'ils y mettent la main, que le medecin ne leur ayt donné l'extresme sentence. Et Dieu sçait lors, entre la douleur et la frayeur, de quel bon jugement ils vous en patissent. Parce que ceste syllabe frappoit trop rudement leurs oreilles, et que cette voix leur sembloit malencontreuse, les Romains avoient appris de l'amollir ou l'estendre en perifrases. Au lieu de dire il est mort, *il a cessé de vivre*, disent-ils, *il a vescu*. Pourveu que ce soit vie, soit-elle passée, ils se consolent. Nous en avons emprunté nostre *feu Maistre Jehan*. A l'adventure est-ce que, comme on dict, le terme vaut l'argent. Je naquis entre onze heures et midi le dernier jour de febvrier mil cinq cent trente-trois, comme nous comptons à cette heure commençant l'an en janvier. Il n'y a justement que quinze jours que j'ay franchi trente-neuf ans, il m'en faut pour le moins encore autant. Cependant s'empêcher du pensement de chose si esloignée, ce seroit folie. Mais quoy ? les jeunes et les vieux laissent la vie de mesme condition. Nul n'en sort autrement qui si tout presentement il y entroit : joinct qu'il n'est homme si decrepite, tant qu'il voit Mathusalem devant, qui ne pense avoir encore vingt ans dans le corps. Davantage, pauvre fol que tu es, qui t'a estably les termes de ta vie? Tu te fondes sur les contes des medecins. Regarde plustost l'effect et l'experience. Par le commun train des choses, tu vis pieça par faveur extraordinaire. Tu as passé les termes accoustumez de vivre. Et qu'il soit ainsi, compte de tes connoissans, combien il en est mort avant ton aage, plus qu'il n'en y a qui l'ayent atteint : et de ceux mesmes qui ont annobli leur vie par renommée, fais en registre ; et j'entreray en gageure d'en trouver plus qui sont morts avant qu'apres trente-cinq ans. Il est plein de raison et de piété de prendre exemple de l'humanité même de Jesus-Christ. Or il finit sa vie à trente-trois ans. Le plus grand homme, simplement homme, Alexandre, mourut aussi à ce terme. — Combien a la mort de façons de surprise !   MONTAIGNE (1533-1592).

387. Exercice. — Copier les vers suivants en les transcrivant en prose et avec l'orthographe moderne. — Apprendre par cœur le même morceau.

Fable du Lion et du Rat

Mais je te veulx dire une belle fable,
C'est assavoir du Lyon et du Rat.

Cestuy Lyon, plus fort qu'un vieulx verrat,
Veit une fois que le Rat ne sçavoit
Sortir d'ung lieu, pour autant qu'il avoit
Mengé le lard et la chair toute crue;
Mai ce Lyon, qui jamais ne fut grue,
Trouva moyen et manière et matière,
D'ongles et dents de rompre la ratière,

Dont maistre Rat eschappe vistement;
Puis mist à terre ung genoul gentement,
Et, en ostant son bonnet de la teste,
A mercyé mille foys la grand beste,
Jurant le dieu des souriz et des ratz
Qu'il luy rendroit. Maintenant tu verras
Le bon du compte. Il advint d'aventure
Que le Lyon, pour chercher sa pasture,
Saillit dehors sa caverne et son siege;
Dont, par malheur, se trouva pris au piege
Et fut lié contre un ferme posteau.

Adonc le Rat, sans serpe ni cousteau,
Il arriva joyeulx et esbaudy,
Et du Lyon, pour vray, ne s'est gaudy,
Mais despita chatz, chates et chatons,
Et prisa fort ratz, rates et ratons;
Dont il avoit trouvé temps favorable
Pour secourir le Lyon secourable;
Auquel a dit : — « Tais toy, Lyon lié,
« Par moy seras maintenant deslié;
« Tu le vaulx bien, car le cueur joly as;
« Bien y parut quand tu me deslias.
« Secouru m'as fort lionneusement,
« Ors secouru seras rateusement. »

Lors le Lyon ses deux grands yeux vertit
Et vers le Rat les tourna ung petit,
En luy disant : — « O pauvre vermynière,
« Tu n'as sur toy instrument ne manière,
« Tu n'as cousteau, serpe ni serpillon
« Qui sçeust coupper corde ni cordillon
« Pour me gecter de ceste estroicte voye.
« Va te cacher que le chat ne te voye!

— « Sire Lyon, dit le fils de Souris,
« De ton propos certes je me soubris;
« J'ay des cousteaux assez, ne te soucie,
« De bel os blanc plus tranchant qu'une cye;
« Leur galne c'est ma gencive et ma bouche.
« Bien coupperont la corde qui te touche
« De si très-près; car j'y mettray bon ordre. »

Lors sire Rat va commencer a mordre
Ce gros lien. Vray est qu'il y songea
Assez long temps, mais il le vous rongea
Souvent, et tant qu'à la parfin tout rompt;
Et le Lyon de s'en aller fut prompt.
Disant en soy : Nul plaisir, en effect,
Ne se perd point, quelque part où soit faict.

Voylà le compte en termes rimassez;
Il est bien long, mais il est vieil assez,
Tesmoing Esope, et plus d'ung million.

CLÉMENT MAROT (1495-1544).

TABLE ALPHABÉTIQUE

TABLE DES MATIÈRES

INTRODUCTION

LIVRE I. — PHONÉTIQUE OU ÉTUDE DES SONS

LIVRE II. — LEXICOLOGIE OU ÉTUDE DES MOTS

LIVRE III. — SYNTAXE

PREMIÈRE PARTIE. — SYNTAXE DES MOTS

DEUXIÈME PARTIE. — SYNTAXE DES PROPOSITIONS

FIN DE LA TABLE DES MATIÈRES.

18 952 — Imprimerie A. Lahure, rue de Fleurus, 9, à Paris.

CPSIA information can be obtained at www.ICGtesting.com
Printed in the USA
BVOW011108200613

323858BV00017B/546/P